JUDO: SEIRYOKU ZENYO JITA KYOEI

Autores

© 2020

ESCUELA INTERNACIONAL KANO RYU
BRUCE R. BETHERS
JOSE A. CARACENA
RUBÉN LOPÉZ APARICIO

Todos los derechos reservados.
IMPRESO POR BLURB (EE. UU)
2020

Reservado todos los derechos.Queda rigurosamente prohibida sin la autorización escrita del titular de esta obra bajo las sanciones establecidas en las leyes,la reproducción parcial o total de esta obra,por cualquier medio o procedimiento,incluidos la reprografía y el tratamiento informático , así como la distribución de ejemplares mediante alquiler o prestamos públicos.

KANO RYU INTERNATIONAL SCHOOL

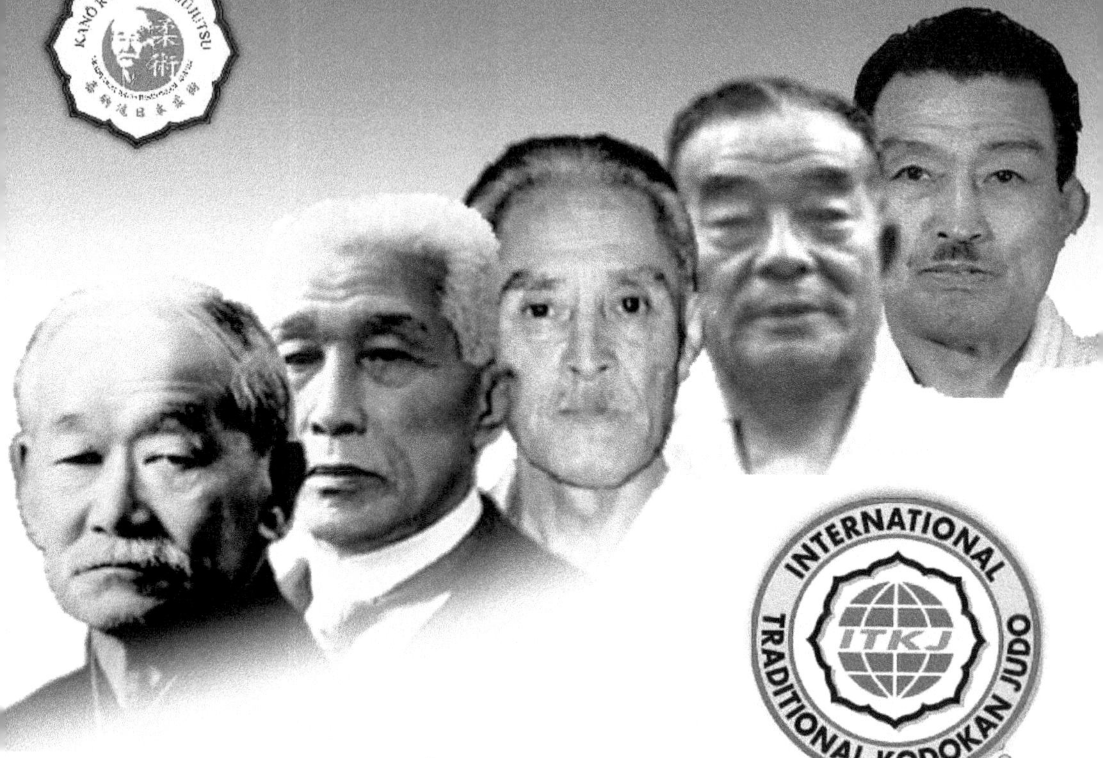

+34 670 76 55 35

柔道

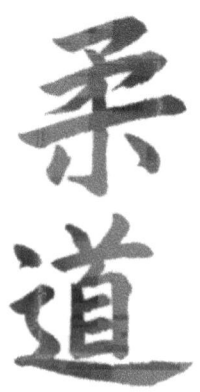

AGRADECIMIETOS

La escuela internacional Kano ryu tiene como objetivo principal estudiar, practicar y difundir la obra de Jigoro Kano Shihan, para llevarlo a cabo contamos con profesionales en más de 15 países que trabajan con seriedad y pasión. En este estudio los maestros Bruce R. Bethers y Jose A. Caracena queremos agradecer a todos los miembros de nuestra escuela y a la federación de jujitsu de Estados Unidos (USJJF), la federación de Judo Kodokan tradicional de Estados Unidos (USA-TKJ) y la Federación Nacional de Jujitsu en España.

Maestros de reconocido prestigio como Giuseppe Corbo, Juan Jose Lorenzo, Dionisio de la Torre y Belarmino Rodríguez han contribuido de forma notable en esta obra al igual que buenos budokas como Pedro Narváez.

Pero este libro no hubiese podido realizarse sin el inigualable aporte de Rubén López Aparicio, cinturón negro de Judo, Jujutsu y defensa personal con más de 30 años de budo, licenciado en Psicología, especializado en el ámbito del trabajo y las organizaciones. La contribución de este gran apasionado del legado de Kano ha sido decisiva para dar el enfoque, alcance y profundidad de este estudio.

ESTUDIO DEL SEIRYOKU ZENYO Y JITA KYOEI

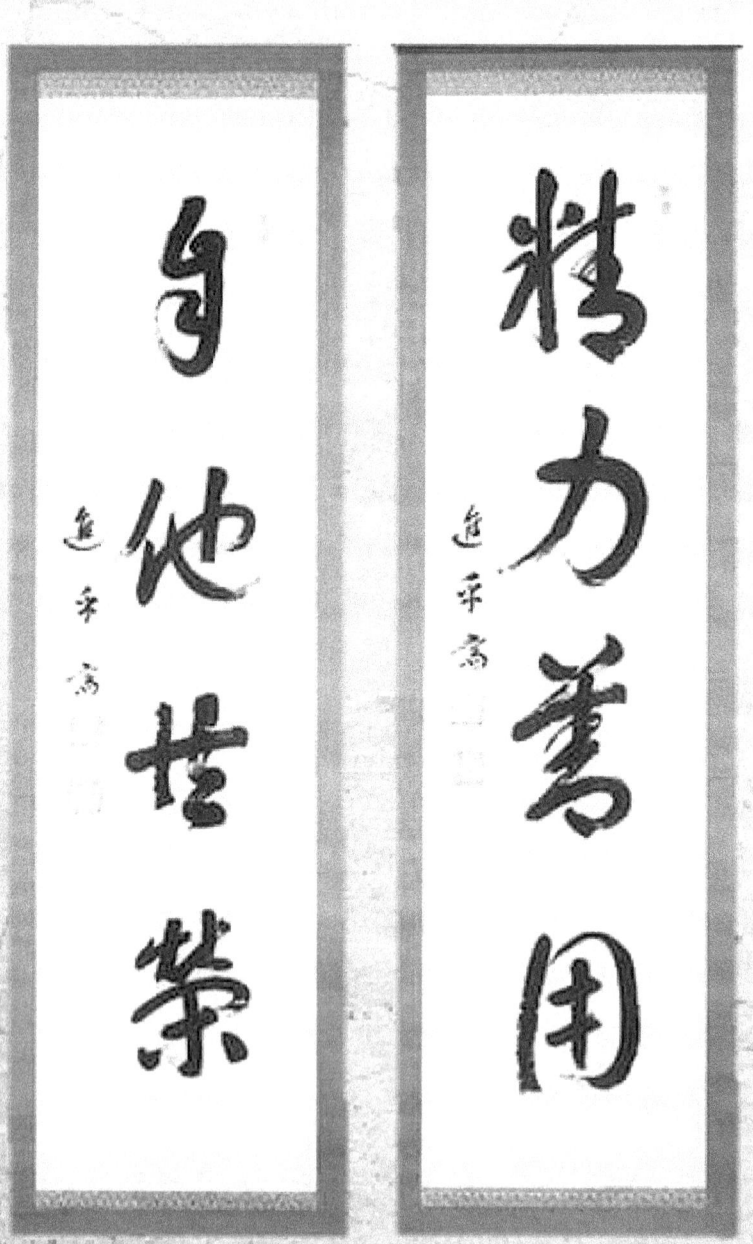

ÍNDICE

1. INTRODUCCIÓN (pag 8)

2. APROXIMACIÓN A LOS PRINCIPIOS ESENCIALES DEL JUDO (pag 16)

    2.1 JITA KYOEI
    2.2 SEIRYOKU- ZENYO

3. INTERACCIÓN ENTRE EL JUDO Y EL DESARROLLO PSICOSOCIAL (pag 46)

    3.1 LA PERSONALIDAD
    3.2 INTERACCIÓN ENTRE EL JUDO Y LA PERSONALIDAD
    3.3 EL DESARROLLO MORAL Y EL JUDO
    3.4 AUTORREALIZACIÓN
    3.5 RESOLUCIÓN DE CONFLICTOS

4. EJEMPLOS PRÁCTICOS PARA APLICAR EL JUDO A LA VIDA DIARIA (pag 102)

    4.1 REFLEXIONES DE JIGORO KANO SOBRE LA VIDA
    4.2 EJEMPLOS PRÁCTICOS DE APLICACIÓN DIRECTA

BIBLIOGRAFÍA (pag 122)

CAPÍTULO 1: INTRODUCCIÓN

精力善用

自他共栄

1. INTRODUCCIÓN

Desde el principio de los tiempos la especie humana siempre ha tenido la necesidad de buscar el sentido de la vida, encontrar respuesta a los enigmas de la existencia y del universo. Frente a los problemas cotidianos que nos presenta la vida, existe algo dentro de nosotros que nos susurra que debe haber algo más, algo que está por encima de todos nosotros, algo que desde el principio de la humanidad las mentes preclaras han estado buscando constantemente, algo que trasciende al individuo, eso que algunos filósofos llaman el ser inmutable, otros la verdad eterna, o los creyentes Dios, el Santo Grial de los caballeros medievales o el *Satori* oriental.

Independientemente del nombre que queramos darle, es algo común a todas las culturas, algo que subyace dentro del individuo pero que a la vez es común a todos nosotros. Es esa necesidad de comulgar con las leyes naturales del universo y hallar la paz interior en este mar bravío que es el mundo material, lo que la psicología moderna llamaría autorrealización.

La sociedad como la entendemos actualmente nos hace vivir en una espiral destructiva que fomenta el mundo de las apariencias, el individualismo, el egocentrismo y el materialismo. Todo esto provoca que vivamos en un mundo artificial donde no somos dueños de nuestras decisiones y vivimos atados al pasado y temerosos del futuro en lugar de disfrutar del aquí y ahora, donde el deseo es la fuente de todo sufrimiento y donde el ego individual se engorda constantemente en detrimento de las relaciones interpersonales.

Vivimos en una sociedad impersonal, contradictoria, en la que a pesar de estar rodeados y conectados con cientos de personas, nos sentimos más solos que nunca, y así es muy difícil encontrar la felicidad.

A lo largo de la historia siempre ha habido algunas mentes preclaras, adelantados a su tiempo y a la vez incomprendidos en su sociedad, que se han revelado contra esta situación. Han buscado sin cesar como saciar esa sed del alma, como conseguir volver al principio y encontrar la comunión con el ritmo natural de las cosas, encontrar la paz interior que nos permita vivir el presente, disfrutar del aquí y ahora y ser plenamente conscientes y dueños de nuestra vida.

Estas luminarias del pasado desarrollaron su propio camino y nos legaron multitud de vías para lograr esta alquimia del alma, esta transformación del ser interior que nos permita encontrarnos a nosotros mismos y lograr la autorrealización personal.

Existen multitud de caminos para ello, pero todos con un mismo objetivo. Algunos recurrieron a la filosofía, otros a la religión, otros a la música, el arte...Pero algunos maestros del pasado nos revelaron un camino especialmente valioso y eficaz para lograr este objetivo: el *Budo*.

El cambio del pensamiento humano, así como las necesidades de la sociedad japonesa, provocaron que las mal llamadas artes marciales niponas (*Buguei*) dejaran de tener su razón de ser. Ya no tenía sentido la existencia de estas artes cuyo único objetivo era la guerra.

Gracias a la intervención de algunos seres iluminados de gran corazón, estas artes creadas para la guerra fueron transformadas en un instrumento eficaz para el desarrollo humano. Ahora cumplirían un papel mucho más importante, serían un instrumento de lucha, pero no contra nuestros iguales, si no contra nosotros mismos, contra nuestros instintos más bajos, contra esa parte oscura de nosotros,

contra nuestro ego y contra todas nuestras impurezas.

Estos maestros que nos mostraron el camino, el *Do*, supieron entender que el único enemigo es el que habita dentro de nosotros mismos. El único enemigo que debemos cortar, proyectar o golpear es nuestro propio ego, solo así lograremos encontrar la verdad en nuestro corazón y el despertar interior que nos permita vivir el presente libre de ataduras y apariencias.

El fin último del *Budo* no es aprender una serie de técnicas de autodefensa, si no que a través de la práctica contínua de esas técnicas y con un estado mental adecuado, lograr transformar a las personas en seres fuertes y de gran corazón, ya que la energía que mueve el universo no es otra que el amor, el amor hacia todos los seres vivos, siendo nuestro fin último el servicio al prójimo en aras de conseguir un mundo mejor.

Entre los grandes maestros del *Budo* que nos legaron este precioso camino, existe una persona adelantada a su tiempo que como todos los seres de luz dedicaron su vida a la gran obra de servir a la humanidad. Estamos hablando del Maestro Jigoro KANO, una persona brillante y de gran corazón que basándose en el antiguo *jujutsu*, desarrolló un arte, un camino,

un *do* que el llamó *Judo*, el cual permitiría a las personas desarrollar el cuerpo, la mente y el espíritu, todo con un único fin, un fin superior al desarrollo individual, el bienestar de toda la humanidad.

Estas palabras de Jigoro Kano muestran el verdadero objetivo del *Budo*, el fin último para el que había codificado el *Judo:*

> *"Es necesario encontrar la felicidad plena, pero la única forma de encontrarla es beneficiando a todas las personas. El secreto de la vida verdadera es desarrollarse individualmente de manera que el resto de la sociedad obtenga los máximos beneficios posibles, éste es el verdadero camino, el Do, de la vida humana".*

Para conseguir esto, el maestro Kano basó su nuevo *Budo* en dos principios bajo los cuales debería girar su nuevo arte y pudieran aplicarse a todos los aspectos de la vida diaria, de manera que el *Judo* no fuera simplemente un compendio de técnicas de combate, si no que estuviese totalmente integrado en nuestra vida cotidiana y toda ella se rigiese en base a estos principios: *Jita Kyoei* (prosperidad mutua para uno mismo y los demás) y *Seiryoku zenyo* (máxima eficiencia en el uso de la

fuerza física y mental). Bajo estos dos principios, los seres humanos cooperan mutuamente y de manera eficaz, logrando un beneficio mayor para el bien de toda la humanidad. Este es el objetivo último del *Budo*, que las enseñanzas del *Dojo* sirvan para encontrar la paz interior y el desarrollo individual logrando así un mundo mejor.

El presente estudio pretende desarrollar estos dos conceptos tan importantes en la obra del Maestro Kano y analizar su influencia en el desarrollo integral de las personas, así como su influencia en la sociedad actual. Para ello utilizaremos un enfoque psicosocial, que nos permita entender los grandes beneficios que reporta la aplicación de estos dos principios en diversos aspectos de la vida cotidiana.

El *Judo* es un *Budo* maravilloso, es un camino de vida para aquellos valientes que no teman enfrentarse a sus miedos ni a su ego, os invitamos a recorrer juntos este alquímico camino que nos ayude encontrar nuestro verdadero yo y nos permita abrir nuestro corazón a todos los seres para conseguir entre todos un mundo mejor.

CAPÍTULO 2:
APROXIMACIÓN A LOS CONCEPTOS *JITA KYOEI* Y *SEIRYOKU-ZENYO*

自他共栄

精力善用

2. APROXIMACIÓN A LOS CONCEPTOS *JITA KYOEI Y SEIRYOKU- ZENYO*

Antes de entrar de lleno al estudio de los principios esenciales del *Judo,* es necesario conocer un poco su historia, el contexto social en el que surgió y como Jigoro Kano supo adaptar el antiguo arte del *jujutsu* a las necesidades de la sociedad japonesa de la época.

Durante la época feudal, en Japón existían varias artes militares en las que se entrenaba la clase samurái para la guerra, entre ellas se encontraba el arte del *jujutsu*.

Estudiar los orígenes del *jujutsu* es una tarea difícil ya que existe poca información fiable al respecto debido a la poca documentación escrita existente y que cada escuela guardaba celosamente todos sus secretos. Además, debido al sistema feudal de Japón, existía un aislamiento entre una provincia y otra que impedía que existiera contacto entre las diferentes escuelas provocando que a menudo los relatos sobre su historia fueran contradictorios.

Las técnicas de *jujutsu* aunque se conocían desde la

antigüedad, fue hacía el siglo XV cuando se empezó a practicar y enseñar de forma sistemática, surgiendo en esos momentos numerosas escuelas por todo el país.

La palabra *jujutsu* puede traducirse como "el arte de ceder con suavidad". Originariamente, el nombre se aplicaba especialmente al arte de luchar sin armas, aunque en algunos casos se utilizaban armas cortas contra oponentes que luchaban con armas largas. La base fundamental de esta disciplina era no oponer fuerza con fuerza, sino conseguir la victoria cediendo ante la misma.

El *jujutsu* ha sido conocido desde los tiempos feudales bajo diversos nombres como *yawara, tai-jutsu, kogusoku, kempo* o *hakuda,* siendo los de *jujutsu y yawara* los más conocidos y utilizados.

Como hemos dicho, hay muchas lagunas sobre el origen del *yawara,* pero lo que sí sabemos a ciencia cierta, es que en la era *Meiji* que comienza en 1868, existían aun varias escuelas antiguas (*koryu*) de *jujutsu,* entre ellas la escuela *Kito Ryu* y la escuela *Tenjin Shynio Ryu. La escuela Kito Ryu* se caracterizaba por su alto nivel de dearrollo en las técnicas de proyección, mientras que la escuela *Tenjin Shynio Ryu* estaba

especializada en el *atemi waza* y *katame waza*. Como veremos más tarde, estas escuelas serían decisivas para el surgimiento del *Judo*.

En esta era, que se caracterizaba por el fin de la clase *samurai*, la modernización de Japón y la apertura de las costumbres del país, la sociedad japonesa sufrió una fuerte transformación y empezó a cuestionarse algunas tradiciones antiguas.

Uno de estos cambios afectaba a las artes de guerra. Con la prohibición de la clase *samurai* y la pacificación del país, surgió un cuestionamiento sobre la necesidad de las llamadas artes marciales, conocidas hasta ahora como *Buguei*. Es en estos momentos cuando comienza la transición del *Bujutsu* o *Buguei* al *Budo*.

Las antiguas artes de guerra ya no tenían sentido de ser tal y como eran entendidas en la antigüedad, ya no había enemigos que abatir, ahora el único enemigo a vencer estaba y sigue estando dentro de nosotros. Así lo describía el propio maestro.

"La vida es la lucha para que prevalezca el bien. El enemigo más formidable que se opone al bien,

es invisible y está escondido en el fondo de nuestros corazones, se trata de nuestro egoísmo. Para escapar del mal, pula su mente como si fuera un espejo, haciendo los ejercicios como si se tratara de un combate contra el mal y también contra el enemigo invisible que dificulta el camino, porque eso le ayudará a crecer física y moralmente."

Con la apertura de Japón al mundo occidental, muchas de las tradiciones más arraigadas empezaron a estar mal vistas por la sociedad, incluido el *jujutsu*. Algunos maestros se ganaban la vida en espectáculos públicos y otros usaban las artes marciales con fines poco lícitos, algo que provocaba que la gente pensara que este arte era algo bárbaro y sin cultivar. A esto había que añadir la proliferación de maestros sin la adecuada cualificación, con la consiguiente degradación del *jujutsu* de verdad. Esto unido a la prohibición de la clase *samurai* provocó que las escuelas de *jujutsu* entraran en franca decadencia.

En este contexto social es en el que nace y vive Jigoro Kano. El maestro Kano fue un erudito de la época, un académico que se graduó en la Facultad de Letras de la Universidad de Tokyo y que dedicó toda su vida al mundo de la educación. Desde joven se interesó y practicó el antiguo *jujutsu* con numerosos maestros de diferentes escuelas, entre ellas, las escuelas *Kito Ryu* y *Tenjin Shinyo Ryu*.

Kano fue consciente de todos estos problemas que en esta época envolvían al *jujutsu*, y tras analizar cuidadosamente las necesidades sociales y los beneficios que ofrecía el *jujutsu* existente, decidió que este arte debía evolucionar hacia algo que fuese accesible para todo el mundo y sus objetivos fuesen el desarrollo físico, moral e intelectual. La sociedad estaba cambiando y el *jujutsu* también debía de evolucionar hacía algo que no fueran simplemente un compendio de técnicas lesivas y peligrosas. Creía firmemente que esta disciplina tenía que ser algo más, que debía aportar algún beneficio extra a la sociedad y al individuo.

En el plano técnico, Kano no estaba de acuerdo en que las técnicas de cada escuela siguieran siendo secretas y sin relación entre sí. Al estudiar las técnicas de las diferentes escuelas, se dio cuenta que no existía un principio común a todas ellas. Por este motivo se dedicó a buscar ese principio que debía subyacer en este arte y que se pudiese aplicar en cualquier técnica, ya sea cuando se golpea, proyecta o se controla.

Tras un análisis minucioso, se dio cuenta que el principio universal que debía dirigir todas estas técnicas era **el uso más eficaz posible de la energía mental y física**. En base a esta premisa revisó todo lo aprendido hasta el momento, quedándose con todas aquellas técnicas que cumplía este planteamiento y desechando las demás. Igualmente incluyó nuevas técnicas que estaban de acuerdo a este principio común y así crear una forma definitiva de *jujutsu*.

Bajo este planteamiento de crear un estilo único y que englobara todas las técnicas de las diferentes escuelas que cumplieran el principio de hacer un uso lo más eficaz posible de la energía mental y física, y basándose sobretodo en las técnicas de las escuelas *Kito Ryu* y *Tenjin Shinyo Ryu* en las que había estudiado, desarrolló su propia escuela de *jujutsu*.

Por tanto, hablar de *judo* es hablar de *jujutsu*, tal es así que en los primeros años desde la fundación del *Judo Kodokan* se conocía al sistema de Kano como *Kano Ryu Jujutsu*. Poco después, Jigoro Kano adoptaría el termino *judo* para referirse a su nueva escuela. No quiso que se identificara su nuevo arte con algo peligroso como pasaba hasta entonces ni con ninguna práctica degradante ni exhibicionista como las comentadas anteriormente, por lo que decidió cambiar el nombre y evitar el termino *jujutsu*. Con el principal propósito de sintetizar, reformar y modernizar el antiguo *jujutsu,* cambió el nombre de su escuela de *jujutsu* por el de *Judo*. Tomó el ideograma *ju* de la antigua disciplina que significaba forma de ceder o suavidad, pero le añadió en lugar de *jutsu* (arte) el *do,* pudiendo traducirse como camino de la suavidad. De esta manera el mismo nombre contendría lo que sería la esencia de este nuevo arte, aunque a Jigoro Kano le gustase más definirlo como el camino de la máxima eficacia en el uso de la energía.

Transformación de los ideogramas jujutsu a judo

El *judo* no fue ideado solo como un arte de ataque y defensa, si no como una forma de vida, y para poder enseñarlo, Jigoro Kano fundó en el año 1882 en el templo budista Eishoji el

Kodokan, cuya traducción literal es escuela para estudiar el camino, el camino de la vida que representa el *Judo*.

Kano era consciente de las limitaciones técnicas de las escuelas antiguas en las que había estudiado, y con la creación del *judo* unificó lo mejor de cada una, tomando básicamente de la escuela *Kito Ryu* las técnicas de proyección mientras que se basó en la escuela *Tenjin Shynio Ryu* para desarrollar el *atemi waza y katame waza*. Además añadió otras técnicas desarrolladas por él mismo, todo ello bajo el principio del uso más eficaz posible de la energía mental y física.

Así desarrollo su escuela de *judo*, una disciplina integral basada en el ataque y defensa que estaría formada por *nage waza* (proyecciones), *atemi waza* (golpeos) *y katame waza* (técnicas de control: luxaciones, estrangulaciones e inmovilizaciones), así como técnicas de reanimación *kappo*, *kyusho* (puntos vitales) o manejo de armas tradicionales como *katana, naginata o bo*. Su idea era que el *Judo* absorbiera todo aquello que fuera de utilidad para que la parte del *bujutsu del judo* fuera completa.

A pesar de su preocupación de que el *Judo* fuera una disciplina integral, su interés principal es que fuera de utilidad social.

Ésta era la mayor diferencia con su predecesor y la razón principal por la que el maestro cambió la denominación *jutsu* por *do*, porque pretendía que el *Judo* fuese algo más que unas técnicas efectivas de lucha, deseaba que fuese un camino, un *do* para la evolución y desarrollo personal y social. Kano lo resumió con las siguientes palabras:

> *"La razón principal era que el «do» (camino) es el principal objetivo de lo que enseña el kodokan mientras que el «jutsu» (habilidad) es incidental. También quería dejar claro que el judo era un medio de embarcarse en el do. Así, los que enseñaron jujutsu en el pasado tenían visión y capacidad y es probable que se explicase no sólo el jutsu sino también el do. Sin embargo, haciendo hincapié en los resultados reales de su instrucción y en los registros de la época éstos dejan entrever que sus métodos de enseñanza eran algo inadecuados."*

Podemos observar que Jigoro Kano se adelantó al uso del término *Do*. Al cambiar el término *jutsu* por *do*, mostraba que su verdadero interés no era la cualificación técnica, si no que

el *Judo* fuese un camino hacia la virtud, un camino de desarrollo personal, un instrumento para formar personas de alto nivel moral que contribuyesen al desarrollo social.

El *Butokai* creado para promover el *bujutsu* en Japón, y del cual Jigoro Kano llegó a ser presidente, en 1919 decidió cambiar el término *jutsu* por el del *do* para todas las artes marciales japonesas. Para dicho cambio se basó en el término usado por Kano en 1882 cuando cambió el nombre de *jujutsu* por el del *Judo*, reconociendo así, que el camino de transición iniciado por Kano era el adecuado. Una transición hacia un futuro en el que las artes de guerra se utilizaran para el desarrollo personal y social convirtiéndose así en un verdadero camino hacia la virtud y de transformación social.

Kano pretendía que el *Judo* pudiese satisfacer a cualquier persona independientemente de cual fuese su objetivo. Por ello dividió el *Judo* en lo que él llamo las tres culturas o niveles para que así todo el mundo tuviese cabida en él:

* *Shobu-ho: bujutsu* o arte marcial.
* *Rentai-ho*: educación física.
* *Shushin-ho:* cultivo intelectual y moral con aplicación a la vida práctica.

Dentro de este tercer nivel, el *Shushin-ho*, el objetivo era desarrollar los más altos niveles de moralidad y ética mediante el estudio y aplicación de los valores del *Judo* a la vida cotidiana y así formar personas valiosas para la sociedad.

Para Kano, el *Judo* no se limitaba al *Bujutsu* o a la educación física, si no que representaba el camino universal para todo y para todos. Independientemente de cual fuera su práctica u objetivo, gimnástica o marcial, siempre debía de estar presente la esencia de la disciplina, el ideal de *Judo,* que no es otro que el cultivo de la mente. Mediante la aplicación de las técnicas del *bujutsu* pretendía una transformación interior que convirtiera al individuo en una mejor persona útil para sus iguales. El propio maestro lo resumía de esta manera:

> *"El verdadero valor del Judo se realiza solo en el alma y tiene la intención de desarrollar las cualidades internas y conquistar un punto de vista más alto de la realidad, a fin de autorrealizarse para ser útil."*

El *judo* pretende ser un medio eficaz para el cultivo espiritual, para el autocontrol de las emociones y las pasiones, capaz de crear una energía que pueda usarse en cualquier lugar para el beneficio de toda la sociedad.

De todo esto podemos extraer la conclusión de que el *Judo* independientemente de que se entrene como educación física o como *bujutsu*, tiene un único objetivo: **comprender su esencia y aplicarla en la vida diaria de la forma más eficaz posible para el beneficio de toda la sociedad.**

Bajo esta premisa, Jigoro Kano dedicó toda su vida profesional como académico y docente a incluir la práctica del *Judo* en las escuelas ya que estaba totalmente convencido de que el *Judo* podía ser perfecto para completar la formación integral de los estudiantes. Tanto es así, que logró que se incluyera la enseñanza del *Judo* en las escuelas secundarias como disciplina obligatoria.

Kano no paró de investigar desde que creó su nueva escuela, y fruto de su incesante estudio, en 1922 publicó los principios esenciales del *Judo*, donde estaban recogidos dos de los conceptos fundamentales para lograr el objetivo supremo del *Judo*: *Jita Kyoei* (prosperidad mutua para uno mismo y los demás) y *Seiryoku zenyo* (máxima eficiencia en el uso de la fuerza física y mental).

Como se puede observar, para Kano el objetivo del *Judo* y el de la vida era el mismo, lograr una sociedad más justa y en paz donde los individuos pudiesen desarrollarse espiritualmente para ayudarse mutuamente, y para ello era necesario entender e interiorizar la importancia de estos principios. Tal era su importancia, que creó la Asociación cultural del *Kodokan* para la difusión de los mismos.

2.1 *JITA KYOEI*

Jita Kyoei que podría traducirse como prosperidad mutua para uno mismo y los demás, es el principio que resumía para el Maestro el objetivo de la vida misma, lograr la autorrealización del ser individual mediante el trabajo en beneficio de los demás.

Se trata de centrarse en lo verdaderamente importante de la vida, dejando de lado los intereses egoístas y el mundo de las apariencias, trabajando por el bien de toda la sociedad.

> *"Hay quienes contribuyen poco a la sociedad, a pesar de que han alcanzado un alto estatus social o fama, así como los que acumulan grandes riquezas y sin embargo no saben como utilizar esta riqueza en beneficio de la sociedad. Fama y estatus no son necesariamente útiles, lo que verdaderamente se debe valorar es lo que cada uno ha contribuido a la sociedad."*

Dentro del *Dojo* este principio está presente de manera constante en la práctica del *Judo*. Desde que ayudamos al

compañero a aprender las nuevas técnicas, cuando se evitan conductas lesivas a los demás o cuando se socorre a un compañero lesionado. Cuando nos dejamos proyectar para que el compañero aprenda o cuando guiamos a los nuevos alumnos a integrarse y aprender las bases, siempre estamos poniendo en práctica la prosperidad mutua.

La ayuda mutua en el *tatami* es constante, sin ella sería imposible avanzar en el aprendizaje del *Judo*. Pero lo verdaderamente importante no es lo que sucede en el *dojo,* si no la capacidad de trasladar este aprendizaje a la vida diaria.

El hombre es un ser social por naturaleza, por lo que el progreso y desarrollo social solo es posible si todos los integrantes de la sociedad cooperan conjuntamente para el beneficio grupal y no solo individual. Ésta es la única forma de lograr la felicidad y prosperidad de toda la sociedad, ya que si se piensa y actua egoístamente será la sociedad en su conjunto la que pierda y no solo sus individuos. Ésta es la única forma de crear relaciones sinceras y beneficiosas que eviten los conflictos que asolan nuestra sociedad.

Cuando este principio del *Judo* se ha integrado en lo más profundo de nuestro ser y dirige nuestros actos cotidianos en beneficio de los demás, el hombre puede hallar la paz interior que necesita para encontrar el desarrollo pleno individual. Este es el verdadero objetivo de la vida y del *Judo* que recoge este principio tan simple y tan complicado a la vez. Se trata de trasladar lo aprendido en el *dojo* a la vida diaria para lograr un mundo más justo, feliz y próspero, consiguiendo así la autorrealización del ser individual.

El desarrollo pleno del individuo solo puede tener lugar en sociedad. Retirarse de la sociedad para encontrar la calma espiritual no puede ser el fin último, el desarrollo individual y espiritual debe redundar en beneficio de los demás. La única forma de hallar la felicidad es ayudando a los demás, éste es el secreto de la vida, el verdadero camino, el *Do,* lograr el desarrollo integral individual ayudando a que los demás tengan los mayores beneficios tangibles e intangibles, logrando así la felicidad individual y la del resto de la sociedad. Jigoro Kano en una de sus obras escritas resumía estas ideas de la siguiente manera:

> *"Cuando un individuo imprudente intenta alcanzar la felicidad piensa que no puede hacerse por el país y si lo intenta pensará que, para ello, hay que desfavorecer a otros países. Si*

verdaderamente quiere obtener la felicidad debe intentar encontrar la manera de beneficiar a las personas y al país, por ello, mirando hacia el futuro, el logro está en dejar vía libre al bienestar de la gente que integra el complejo mapamundi. Así que la vida verdadera reside en procurar desarrollarse sin molestar a los demás, a la sociedad, al país y a los extranjeros y encaminarla para que los demás obtengan los máximos beneficios posibles. Éste es el camino de la vida humana."

"Ya que estás en este mundo, tienes que vivir de la forma más valiosa posible. Pero, ¿qué es una vida valiosa? Individualmente, es obtener la felicidad más grande y, estando dentro de la sociedad o en familia, es poder satisfacer a los demás empezando por los padres y después con el resto del mundo."

Jigoro Kano mediante estas dos reflexiones nos muestra el camino para tener una vida plena. Nos enseña que para lograrlo es imprescindible encontrar la felicidad, y la forma de hallarla no es otra que poniendo en práctica *Jita Kyoei*, o lo que es lo mismo, trabajar para que el resto de la sociedad logre los máximos beneficios posibles y esto solo es posible cooperando mutua y desinteresadamente entre todos por un bien superior al individual. Para Kano éste era el verdadero objetivo de la vida, lograr el desarrollo personal mientras se ayuda a los demás.

Kano había comprendido que para sobrevivir y desarrollarse, las personas necesitamos la ayuda de los demás, y esto determinaba su modelo de sociedad ideal, el cual estaba directamente ligado al desarrollo personal. Kano comprendía que el ser humano es un ser social y como tal debe vivir y trabajar de manera gregaria con el resto de integrantes de esa sociedad para lograr prosperidad mutua.

La prosperidad mutua no es un bien abstracto para la sociedad, sino que es un beneficio tangible para uno mismo y los demás. De esta manera no solo se logra el desarrollo y bienestar social, sino que es el camino para encontrar la paz interior y el desarrollo personal. Este es el objetivo último que se debe buscar con el *Judo*, y solo es posible lograrlo interiorizando el *Jita Kyoei* y aplicándolo a todos los ámbitos de nuestra vida. Kano lo resumía de la siguiente manera:

"No debe olvidar la prosperidad mutua ya que las personas son los componentes esenciales de

una sociedad. En un grupo pequeño de dos o tres personas o en una sociedad grande de cientos de millones de personas, la regla básica de la vida social es que éstas estén unidas deseando prosperar mutuamente. Si una persona o un grupo de personas realiza sus caprichos sacrificando a otras personas no podrá esperar la paz ni la armonía. (Tampoco es correcto que haya personas que sólo piensan en los demás olvidándose de sí mismas o en su beneficio individual)."

El desarrollo individual está íntimamente ligado al desarrollo social. El desarrollo de uno mismo posibilita el desarrollo de los demás y viceversa. Pero no solo nos referimos al desarrollo material, si no al desarrollo pleno como persona, al desarrollo espiritual que es el más importante de todos. El objetivo del *Judo* no es solo prosperidad material, si no transformar personas en individuos más humanos, concienciados de la necesidad de trabajar por un mundo más justo para todos.

Cuando este principio rige los actos humanos, la prosperidad material es solo una consecuencia del desarrollo interior de las personas. Kano nos vuelve a regalar en modo de reflexión un ejemplo de que el ser humano por sí solo no es capaz de alcanzar los niveles superiores de desarrollo individual, es el progreso mutuo y la ayuda al prójimo la única vía para lograr la paz espiritual y el desarrollo interior.

> *"En definitiva, la prosperidad supone un estado mediante el cual uno obtiene la satisfacción corporal y material además de la espiritual, quizá la más importante. Así que, se entiende, que la prosperidad mutua es la vida social ideal. Por eso, la gente debe esforzarse desde la infancia en intentar formarse para una sociedad ideal o dicho de otra forma, siempre tienen que pensar en los demás además de pensar en sí mismos para que progresen mutuamente; cuando lo hacen por otros no olviden que también lo hacen por sí mismos. De esta forma, nacen la armonía, la paz y el desarrollo".*

Pero este principio no es solamente aplicable a nivel individual, es la forma en la que los países deberían lograr la armonía necesaria. Cada estado debe buscar la prosperidad propia, pero sin despreciar a los demás, deben hacer un esfuerzo de prosperidad común entre países. Kano estaba convencido de que la paz mundial y el bienestar de toda la humanidad podría lograrse a través de aplicación del *Judo* a nivel individual y en la política nacional e internacional.

Solo mediante la práctica constante se puede comprender la esencia del *Judo* y así lograr interiorizar estos principios supremos para poder trasladarlos y aplicarlos a cualquier situación de la vida cotidiana y que formen así parte de nuestro patrón de pensamiento y conducta. Solo así, el *Judo* tendrá su máximo sentido de existir, contribuyendo a formar personas integras con fuertes valores de justicia social que trabajen por el beneficio de toda la sociedad. Este es el fin último de la vida, el objetivo supremo del *Judo*, esto es *Jita Kyoei*.

2.2 SEIRYOKU ZENYO

El principio de *Seiryoku zenyo* se refiere al uso eficiente de la energía física y mental y junto al *Jita Kyoei* conforman la esencia del *Judo*. Mientras que *Jita Kyoei* sería el fin último, el objetivo del *Judo* y de la vida misma, *Seiryoku zenyo* sería el instrumento, la forma de llevar a cabo esa esencia en la vida diaria. Los dos principios se retroalimentan ya que uno no puede conseguirse si no es mediante la práctica del otro.

Recordemos que Kano al buscar ese principio general que debía existir en el *jujutsu,* descubrió que éste debía ser el uso eficiente de la energía física y mental, Seiryoku *zenyo*.

El objetivo del *Judo* como *bujutsu,* es poder controlar al contrario con el uso de la menor fuerza posible. Ésta es una de las primeras reglas que se enseñan cuando se comienza a practicar. Nunca se debe enfrentar fuerza con fuerza, esto sería un gasto de energía innecesario que probablemente nos llevaría al fracaso.

Hay multitud de formas de ejecutar una técnica y todas ellas eficaces. Pero el *Judo* va un paso más allá, no es suficiente lograr el objetivo, debe lograrse de manera eficiente. La eficiencia es la base de *Seiryoku zenyo*. Mediante el uso de la técnica adecuada, el desplazamiento adecuado y sobretodo el desequilibrio correcto, se enseña al practicante que con un mínimo de fuerza es posible proyectar o controlar una persona más grande y fuerte que uno mismo.

Ejemplo del Seiryoku zenyo

Los principios de cualquier técnica son *kuzushi* (desequilibrio), *tsukuri* (preparación) y *kake* (proyección). La aplicación de estos tres conceptos es lo que nos permite realizar cualquier técnica con un mínimo de esfuerzo, en definitiva, *Seiryoku zenyo*. Ésta es la esencia técnica del camino de la suavidad.

Este principio en el que se basa toda la técnica del *Judo* y que practicamos a diario en el *dojo* de manera inconsciente, es

perfectamente trasladable a la vida cotidiana, es más, es aquí donde muestra toda su eficacia y su razón de ser. No solo hablamos de la fuerza física sino también de la fuerza mental, éste es el verdadero motivo por lo que este principio debe aplicarse a cualquier acto que llevemos a cabo en nuestra vida.

Todo acto humano voluntario tiene dos componentes, el componente externo que sería la conducta observable y un componente cognitivo, que serían aquellos procesos mentales que preceden a la manifestación externa.

Ambos componentes requieren un tipo de energía concreto, el primero de ellos la fuerza física y el segundo la energía mental. Kano era plenamente consciente de que todo acto humano tenía esa doble implicación, conductual y cognitiva, y solo aplicando este principio de forma general podrían obtenerse buenos resultados, y lo explicaba de la siguiente manera:

> *"Cualquier cosa que realiza el ser humano nunca puede hacerse sin mover la mente y el cuerpo. En un acto como el de envolver un libro o como crear una serie de frases, éste tiene que mover la mente y el cuerpo de la manera más adecuada adaptándola a dicho fin para hacerlo*

lo mejor posible. Esto es lo que se llama el uso de la máxima efectividad de cuerpo y mente y que supone el gran camino para el logro de todo. Es, en definitiva, el judo. Aplicando este camino al arte del ataque y defensa que se denomina bujutsu y, por su parte, si va encaminado a fortalecer el cuerpo como útil herramienta de la vida cotidiana se llama Educación Física. Por tanto, la forma ideal de la vida social sería aplicar este sendero de virtud y de sabiduría como vehículo de perfeccionamiento común a todos sus individuos."

Con esta reflexión el Maestro Kano quería mostrarnos el verdadero objetivo del *Judo* en sus tres vertientes, como *bujutsu*, como preparación física y sobre todo como desarrollo personal y social. Para él, el ideal de vida era aquel que posibilitase el bienestar de toda la sociedad (*Jita Kyoei*). No solo nos muestra cual debe ser el objetivo de la vida, si no que nos enseña la forma en la que podemos alcanzarlo. El *Seiryoku Zenyo* nos permite actuar en cualquier aspecto de la vida haciendo un uso adecuado de nuestra energía con el fin de lograr esa prosperidad común que es el *Jita Kyoei*.

Se trata de un principio universal que es aplicable a cualquier

situación que nos encontremos. Los conceptos de *kuzushi* (desequilibrio), *tsukuri* (preparación) y *kake* (proyección) aprendidos en el *tatami* deben ser aplicados a cualquier situación. Cualquier acto que llevemos a cabo, al igual que las técnicas del *Judo*, debe de tener una preparación previa que facilite su ejecución de la manera más eficiente posible.

En definitiva, esto es el *Judo,* de igual manera que preparamos con minuciosidad la ejecución de una técnica, debemos actuar fuera del *dojo,* aprovechando así al máximo la energía para lograr nuestros objetivos.

Pero esto no solamente es aplicable a nuestros actos externos. Nuestros procesos mentales requieren una gran cantidad de energía, algunos procesos mentales conllevan mayor gasto energético que algunas actividades físicas. La aplicación del *Seiryoku Zenyo* a nuestros procesos mentales es de suma importancia. Nuestro cerebro está activo constantemente, nos bombardea con continuos pensamientos, es un constante ir y venir de recuerdos, de cosas que tenemos que hacer, de preparación de actividades, de remordimientos, de deseos... La sociedad actual se caracteriza por someter a las personas a un estrés constante que provoca que estemos a todas horas dando vueltas a la cabeza sin parar. Nuestra mente nunca tiene un

momento de calma y es la causa de multitud de patologías.

En estos procesos mentales, algunos de ellos negativos, invertimos muchísimo tiempo y energía, y normalmente son los responsables de nuestro agotamiento mental y físico. Son los causantes de numerosas enfermedades físicas y mentales y sobre todo la razón que nos impide encontrar la paz interior.

Por ello la aplicación del *Seiryoku Zenyo* es de vital importancia ya que puede ayudarnos a centrarnos en lo verdaderamente importante, descartando lo innecesario y perjudicial, posibilitando así un estado mental adecuado, la armonía necesaria para llevar a cabo el gran objetivo del *Judo* y de la vida.

Mediante la práctica sincera, se puede comprender la base de esta teoría y así poder aplicarla en la vida cotidiana, tanto en nuestro interior como en la sociedad, ese es el gran camino, el *do* del *Judo*. Una vez entendido e interiorizado, se podrá aplicar a cualquier situación y podremos observar que siguiendo estos preceptos se puede lograr una vida más plena y feliz para uno mismo y para los demás.

CAPÍTULO 3:
INTERACCIÓN ENTRE EL JUDO Y EL DESARROLLO PSICOSOCIAL EN EL SER HUMANO

自他共栄

精力善用

3. INTERACCIÓN ENTRE EL JUDO Y EL DESARROLLO PSICOSOCIAL EN EL SER HUMANO

Hasta ahora hemos tratado de analizar los principios esenciales del *Judo* y de como aplicándolos a todos los aspectos de la vida cotidiana pueden aportarnos múltiples beneficios individuales y sociales, tanto materiales como inmateriales. Estos últimos son los más importantes ya que son los que nos permiten lograr un desarrollo individual superior y una sociedad más justa, igualitaria y en paz.

A continuación vamos a analizar como la práctica del *Judo* y la aplicación de sus principios pueden ayudar a desarrollar ciertos aspectos psicosociales concretos del ser humano.

El abordaje de este tema se va a realizar utilizando el enfoque de la ciencia de la psicología, permitiendo así demostrar científicamente la influencia del *Judo* en el desarrollo psicosocial del ser humano.

Igualmente se pretende dar sentido a algunos conceptos que se utilizan al hablar de ciertos aspectos espirituales del *Budo* como transformación del ser interior, la autorrealización o la alquimia del alma, y mostrar como muchos de estos conceptos que a veces suenan esotéricos o místicos tienen su explicación científica desde la psicología moderna.

3.1 LA PERSONALIDAD

Antes de entrar a ver como el *Judo* puede influir positivamente en nuestro desarrollo integral como personas, debemos explicar aunque sea de forma breve un aspecto esencial como es la personalidad, ya que ésta es responsable en gran medida de nuestro desarrollo psicosocial e influye de manera decisiva en nuestra forma de ser y nuestro comportamiento.

Hay multitud de teorías para definir y describir la personalidad y dependiendo de los autores y la corriente científica que lo estudia se pueden dar multitud de definiciones. De forma sencilla, podemos decir que la personalidad es el patrón de comportamiento, pensamiento, motivación y emoción distintivo y relativamente estable en el tiempo que caracteriza a una persona a lo largo de la vida. Este patrón determina como percibimos la realidad, como nos enfrentamos a las nuevas situaciones y como interactuamos con el medio.

Como hemos dicho, desde la psicología de la personalidad hay multitud de teorías que intentan explicar la personalidad, pero en la mayoría de ellas hay ciertas características que son comunes en casi todas las sociedades, con algunas características distintivas.

La personalidad está compuesta por los siguientes elementos:

· Elementos estructurales o rasgos: serían las características que el individuo tiene, aquellas dimensiones de conducta que diferencian a unas personas de otras. Aunque generalmente se habla de comportamiento también existen patrones de pensamiento y sentimientos.

· Elementos cognitivos y motivacionales: estos elementos dan respuesta al por qué nos comportamos de un determinado modo y no de otro. Son características internas que crean metas a corto y largo plazo que determinan el comportamiento. Mientras que los rasgos explican las características de los individuos, la motivación explica el motivo de los comportamientos, y los elementos cognitivos son los que controlan la conducta intencional.

Podemos decir que la personalidad está formada por unos rasgos centrales que representan la forma en la que nos

comportamos, la manera de interactuar con nuestros iguales y cómo reaccionamos ante estímulos novedosos. Estos rasgos centrales son básicamente los que nos describen, nos individualizan y son los más difíciles de modificar. Por el contrario, los rasgos secundarios son aquellos aspectos más fáciles de modificar, como los hábitos u opiniones.

La pregunta que se ha hecho siempre la ciencia es hasta que punto la personalidad es adquirida a través de la herencia. Esto es muy importante ya que los comportamientos heredados genéticamente son muy difíciles de modificar. Todos hemos escuchado decir "es que yo soy así y no puedo cambiarlo". Pues bien, esto no es del todo cierto ya que si no pudiéramos cambiar el trabajo de los terapeutas no tendría razón de ser y vamos a ver por qué.

La investigación científica sobre si la personalidad tiene un componente hereditario, se ha centrado en estudiar los comportamientos infantiles para descubrir que genes definen los rasgos de personalidad. Efectivamente se ha descubierto que hay algunos genes que nos predisponen al neuroticismo, ansiedad o pesimismo.

El temperamento sería esa predisposición innata, genética,

heredada, para reaccionar de un modo determinado frente a determinados estímulos. Este temperamento estaría presente desde la infancia en aspectos como la tranquilidad, irritabilidad o el humor. La estabilidad del temperamento al ser heredado dependerá del grado en el que ese rasgo esté presente en el niño, cuanto más extremo sea su presencia, más estable será.

Pero también es cierto que hay ciertos factores externos que actúan sobre él temperamento y dependiendo de lo estable que sea, puede reconducirse a niveles más adaptativos, si bien no puede pasar de un extremo a otro.

A pesar de que la personalidad es relativamente estable, está en constante evolución y no se desarrolla plenamente hasta la edad adulta. Sufre un largo y constante desarrollo hasta que se estabiliza, siendo ya en ese momento más difícil de modificar.

A continuación, vamos a enumerar los factores externos principales que influyen en el desarrollo de la personalidad.

El **primer factor lógicamente es el entorno familiar, los padres**. A pesar de que su influencia es menor de la que pueda parecer, las relaciones afectivas entre los miembros de la familia sí son determinantes en el desarrollo de ciertos rasgos en los primeros estadios de vida. Se ha comprobado que una buena relación afectiva en la que se desarrolla la autoestima y la seguridad influye en un desarrollo adecuado de la personalidad.

El **segundo factor importante es la interacción con nuestros iguales.** Todos somos conscientes de que no nos comportamos igual en casa que con nuestros compañeros, esto es aun más acentuado en la infancia y adolescencia. Este comportamiento diferenciado, es otro ejemplo de la inestabilidad del comportamiento y la evolución de la personalidad.

Otro factor importante son las normas y valores sociales, la cultura del entorno en el que interactuamos. Las sociedades individualistas fomentan la independencia y el desarrollo de deseos e intereses individuales, por lo que los rasgos de personalidad irán encaminados a cumplir esos objetivos sociales. Por el contrario, las sociedades más grupales o comunitarias, en las que lo importante es el bienestar grupal frente al individual, fomentan comportamientos dirigidos al bien común y los rasgos de personalidad irán acorde a ello.

Actualmente es aceptado por la mayoría de los autores que la influencia cultural es casi tan importante como la biológica, el modo en que las personas controlamos y nos relacionamos con nuestro entorno influye de manera decisiva en nuestro comportamiento.

A pesar de la estabilidad de la personalidad, vemos que ésta sufre continuos cambios a lo largo de la vida. Pero hay determinados momentos en los cuales los cambios son mucho mayores y tienen una repercusión mucho mayor en el futuro, motivo por el que hay que prestar especial atención a estas etapas evolutivas.

Debido a la importancia que cada fase evolutiva tiene en la formación de la personalidad, vamos a ver a continuación las diferentes etapas del desarrollo evolutivo de la personalidad y cuales son las características más importantes en cada una de ellas, y como afectan al comportamiento social.

· **Primeros momentos del nacimiento:** aquí la personalidad no está muy marcada ya que el bebe aun no ha tenido apenas experiencias de aprendizaje con el medio. Pero sí se observan

ciertas tendencias de comportamiento, es lo que antes hemos llamado temperamento, esa parte de la personalidad heredada que va a marcar la base de la personalidad.

· **Infancia**: es una fase importante ya que el niño va desarrollando las capacidades físicas y cognitivas que le van a permitir interactuar con el medio y comprender como funciona el mismo. En esta fase tiene lugar el comienzo de la adquisición de valores y normas de comportamiento social. Es el momento en el que empieza a formarse la personalidad gracias a la interacción del temperamento y la influencia del medio, estableciéndose los primeros patrones de conducta social.

· **Adolescencia**: esta es la etapa clave en el desarrollo de la personalidad. El adolescente sufre cambios biológicos muy importantes, entre ellos la maduración cognitiva más importante del ciclo vital. Esto le permite aumentar su interacción con el entorno a través de distintos escenarios. Es el momento en el que se cuestiona todo lo aprendido hasta entonces y se da una cierta ruptura con los padres para aumentar las relaciones con sus iguales y buscar su propia identidad. En esta fase el adolescente va experimentando y aprendiendo de las diferentes experiencias vitales que le van a permitir crear su propia identidad y personalidad diferenciada.

· **Edad adulta**: aquí la personalidad está totalmente formada y presenta un patrón de conducta, pensamiento y emoción muy estable, que solo ira sufriendo pequeños cambios salvo que existe un acontecimiento relevante.

· **Ancianidad**: a pesar de la estabilidad de la personalidad, esta fase se caracteriza por la perdida de habilidades físicas, cognitivas y sociales y las vivencias traumáticas que condicionan nuestra forma de interactuar con el medio.

Recapitulando, la personalidad tendría una parte heredada llamada genotipo, aquella parte que nos predispone a determinados comportamientos o pensamientos. Por otro lado estaría el fenotipo, lo que en realidad mostramos. Es la manifestación externa de nuestra personalidad, nuestro comportamiento, y estará determinado por la interacción del genotipo y las diferentes experiencias de aprendizaje.

Nacemos con unas características individuales propias que marcan nuestra personalidad, pero que a lo largo de la vida van siendo modificadas y desarrolladas por los factores externos.

3.2 INTERACCIÓN ENTRE EL JUDO Y LA PERSONALIDAD

Una vez que hemos entendido un poco qué es y cual es el desarrollo evolutivo de la personalidad, podemos comprender la influencia que tiene ésta en nuestros patrones de conducta, de pensamiento y emotivos.

Si bien la característica principal de la personalidad es su estabilidad, hemos visto que está sujeta a continuos cambios durante todo el ciclo vital. Puede cambiar en función de nuestras experiencias vitales, por lo que puede ser modificada para intentar corregir ciertos patrones y volverlos más adaptativos, o simplemente intentar instaurar otros nuevos que posibiliten que nuestra experiencia vital sea más positiva. Éste es el trabajo de los psicólogos y terapeutas, intentar reducir los aspectos negativos y potenciar e introducir los positivos.

El *Judo* como dijimos en la introducción, es un instrumento, un camino que puede ser un valioso terapeuta que refuerce esos aspectos importantes que posibiliten un desarrollo de los patrones adaptativos, favoreciendo así el desarrollo integral de las personas.

Para ello los profesores de *Judo* cumplen un papel de vital importancia, ya que como hemos visto, las distintas etapas evolutivas tienen características y necesidades muy diferentes que hay que saber cubrir. Aquí el nombre de profesor debe tener todo su sentido, deben actuar como educadores, como formadores que participan en el desarrollo integral de las personas.

El papel del *Judo* es especialmente importante en la infancia y la adolescencia ya que como hemos visto son las etapas en las que tiene lugar el mayor desarrollo biológico y de la personalidad en los seres humanos.

En la **etapa infantil,** el niño comienza a desarrollar las capacidades físicas y cognitivas que le permiten aumentar exponencialmente sus interacciones con el medio, motivo por el cual se dispara el aprendizaje del niño. Es el momento en el que el niño empieza a modificar su temperamento por medio de la influencia que ejerce el medio. Sus constantes experiencias sociales van a ir modificando el temperamento en función de los resultados que de esa interacción obtenga.

El *Judo* puede ayudar al niño en este importante momento evolutivo. Su práctica no solo fomenta el desarrollo de las

capacidades físicas del niño que ayudan a su interacción con el medio, si no que ayuda al desarrollo cognitivo.

La práctica del *Judo* obliga al niño a realizar multitud de movimientos novedosos y complejos que ayudan a mejorar su psicomotricidad. El desarrollo psicomotor del niño favorece el establecimiento de las bases del desarrollo mental futuro. Numerosos estudios demuestran que el desarrollo de la psicomotricidad está directamente relacionado con una mejor capacidad en la regulación de las funciones cognitivas superiores, una mayor capacidad de reacción, mayor desarrollo del lenguaje y mejor nivel de atención.

Igualmente, el *Judo* mediante la práctica del *randori* (combate) en cualquiera de sus modalidades, obliga al niño a tener que ponerse en la mente del otro y pensar que es lo que va a hacer el compañero y a su vez pensar una respuesta a ese comportamiento. Esto mejora el pensamiento abstracto, la creatividad y las capacidades cognitivas del niño.

Esto es importantísimo en la infancia, tanto que la psicología y las ciencias de la educación asumen que, en esta etapa, el desarrollo de la psicomotricidad y la capacidad mental de ponerse en el lugar del otro es de suma importancia en el

desarrollo futuro del niño, tanto es así que en los colegios las actividades para el desarrollo de estas habilidades son tan importantes como el resto de asignaturas escolares.

Como hemos dicho, es en esta fase cuando el niño comienza a adquirir los valores que influirán en su comportamiento social. La práctica del *Judo* puede ayudar a que el niño adquiera unos valores adecuados que le ayuden en su desarrollo integral como persona y se reflejen en comportamientos socialmente adecuados.

Estos valores vienen definidos por los dos conceptos que Jigoro Kano llamó *Jita Kyoei* (prosperidad mutua para uno mismo y los demás) y *Seiryoku zenyo* (Máxima eficiencia en el uso de la energía física y mental). Está claro que en estos primeros años de edad, el niño no está preparado para entender intelectualmente estos conceptos, pero la práctica continuada del *Judo* le va a permitir ir interiorizándolos sin ni siquiera ser consciente de ello y que en un futuro formen parte de su personalidad.

Kano dejó escrito una reflexión en la que demostraba que era muy consciente de la importancia de interiorizar estos principios a edades tempranas para que fueran decisivos en un futuro.

"Si el individuo se desarrolla o no, si una nación se desarrolla o no, dependerá de la gente que utiliza bien su mente y cuerpo y si lo hace con buena efectividad o no. Puedo afirmarlo. Pensando de esta forma, buenas o malas costumbres adquiridas desde la infancia influyen decisivamente en el resultado de toda la vida. Naciendo con buena esperanza pero sin usar su fuerza con efectividad no va a conseguir gran cosa en la vida. Teniendo muy buena suerte, sin aprovechar las oportunidades, no podrá perfeccionar nada. Así que lo más importante es emplear su fuerza con certeza."

El *Judo* no es por casualidad un arte que se practique principalmente en pareja. Los seres humanos somos seres sociales por naturaleza y necesitamos de nuestros iguales para sobrevivir y desarrollarnos plenamente. Como ya hemos dicho, el objetivo del *Judo* es el desarrollo integral del individuo, y esto solo es posible conseguirlo con la ayuda de los demás.

La práctica del niño en el *Judo* en estos primeros momentos es eminentemente grupal. Es por tanto una forma de interactuar con otros niños que están en su mismo nivel de desarrollo físico y cognitivo, lo que les permite desarrollar todas sus habilidades cognitivas y sociales. En esta práctica grupal, los niños aprenden a colaborar en grupo para conseguir un objetivo común, comprendiendo que para conseguir algo necesitan del compañero. Es imposible aprender a realizar una proyección sin la ayuda del compañero. En un principio los niños no son conscientes de ello pero poco a poco lo van interiorizando y creando un poso que poco a poco ira marcando su personalidad.

El *Judo* enseña a los niños que para conseguir algo hay que colaborar. Si los dos compañeros se ayudan en una técnica, los dos aprenderán, mientras que si no existe ese trabajo en equipo los dos saldrán perjudicados y no aprenderán correctamente. Ese aprendizaje según vaya madurando el sistema cognitivo del niño, podrá extrapolarlo a otras actividades de su vida cotidiana, pasando así a formar parte de la estructura de su personalidad, lo que le permitirá en un futuro tener comportamientos dirigidos al bien común lejos de actitudes individualistas y egoístas.

Del mismo modo, el niño aprende a que hay muchas alternativas para realizar cualquier técnica, pero no todas ellas son igual de eficaces. Primero lo hará por la fuerza, luego ira aprendiendo los detalles técnicos, y finalmente se dará cuenta que hay una forma eficiente de realizarla, de manera que invirtiendo el mínimo tiempo y esfuerzo necesario se puede conseguir ejecutarla correctamente. Al igual que en el caso anterior, este aprendizaje positivo pasará a su estructura mental y será aplicado en el resto de las facetas cotidianas.

Como hemos visto durante este trabajo, estos dos conceptos, *Jita Kyoei* y *Seiryoku zenyo*, son muy importantes, porque inculcan valores que fomentan el desarrollo grupal y el bien común, pero hay otros aspectos que a pesar de no tener tanta influencia en el bienestar comunitario, si son imprescindibles en el desarrollo integral del niño.

Estamos hablando de valores como el respeto, la disciplina, el esfuerzo, la responsabilidad, hábitos saludables, empatía, superación… todos estos aspectos nuevamente están presentes en la práctica cotidiana del *Judo* y son imprescindibles para el desarrollo integral del futuro adulto.

Durante la práctica diaria del *Judo*, el niño sin saberlo está adquiriendo hábitos de conducta que finalmente serán interiorizados y pasarán a formar parte de él. Como ejemplo de ello, el niño sabe que debe de llevar siempre el *judogi* limpio y en condiciones. De igual manera sabe que para entrenar con

compañeros debe ir aseado y con las uñas cortas. Esto que parece tan simple y que al principio suelen encargarse los padres, con el tiempo el niño se hace responsable y es él mismo quien se encarga de tener todo preparado para su entrenamiento en el *dojo*. Esta asunción de responsabilidades es indispensable para convertirse en un futuro adulto independiente y autónomo.

Otro aspecto importante en todos los *dojos* es la puntualidad, el respeto al profesor y a los compañeros y las normas de cortesía y respeto que consisten en el saludo al entrar y salir del *tatami,* saludo al inicio y fin de la clase y al compañero antes y después de cualquier actividad.

Esto que a priori puede parecer una nimiedad, es muy importante en los niños ya que establecen límites en su comportamiento y les enseña el respeto hacia los demás, algo que marcará de por vida su comportamiento. En la actualidad, es algo indiscutible en la ciencia de la educación que los niños deben ser educados en el respeto y en el establecimiento de unos límites adecuados, y como podemos observar, el *Judo* ya lo ponía en práctica desde muchos años antes.

De igual forma podemos referirnos al esfuerzo y a la empatía,

dos aspectos que debemos fomentar en los niños si queremos que tengan un desarrollo moral adecuado. Deben aprender que al igual que todo en la vida, aprender *Judo* requiere un esfuerzo y dedicación constante.

Gracias al trabajo en equipo, los niños aprenden a sumar esfuerzos para conseguir objetivos comunes, y gracias a este trabajo, pueden ir desarrollando la empatía. La empatía es la capacidad de los seres humanos de ponerse en el lugar del otro y comprender sus sentimientos y emociones, intentando experimentar lo que siente la otra persona. Esto está directamente relacionado con la prosperidad mutua (*Jita Kyoei*). Ponerse en el lugar del otro permite a las personas evitar comportamientos que perjudiquen a los demás, no por miedo a una sanción, si no porque comprenden el sufrimiento que ello provoca. El desarrollo de este concepto posibilita que los niños en un futuro sean adultos con comportamientos beneficiosos para la comunidad porque son capaces de sentir el sufrimiento ajeno y no lo desean para nadie.

Como podemos ver, el *Judo* es un instrumento muy eficaz en la educación y desarrollo infantil, pero todo lo aquí expuesto sirve igualmente para los adolescentes.

Como dijimos anteriormente, la **fase de la adolescencia** es la etapa clave en el desarrollo de la personalidad. La adolescencia es un periodo de transición entre la infancia y la juventud en la que se producen profundas transformaciones biológicas. Es la etapa fundamental en el desarrollo psicológico ya que es en estos momentos cuando se desarrolla de manera firme la personalidad, se consolida el autoconcepto de sí mismo y se establece el sistema de valores propio.

El autoconcepto es la representación que cada uno construimos de nosotros mismos y es en estos momentos cuando empieza a desarrollarse. Es una época de crisis para el adolescente. Hasta ahora ha estado atado a los padres, a los profesores, a su físico infantil, pero el desarrollo de las capacidades cognitivas y físicas le obligan a romper con todo lo anterior para crear su propio sistema de valores acorde a su edad y sus experiencias.

Esto no es fácil, es un paso hacia la autonomía que muchas veces crea una frustración que puede convertirse en agresividad por no saber afrontarlo. Al igual que las capacidades cognitivas están desarrollándose rápidamente, el sistema emocional se vuelve mucho más rico y profundo, lo cual provoca que el adolescente viva todo de manera extrema y no sea capaz de gestionarlo.

Este paso hacia la independencia es algo necesario para construir su propio yo. Los cambios que tienen lugar en la adolescencia provocan una crisis de identidad en el adolescente que debe ser resuelta para encontrar su lugar en el mundo. Debe ir creando un proyecto de vida que le lleve a un progresivo desarrollo de su persona. Está demostrado que los individuos que han desarrollado su identidad adecuadamente son más autónomos y con mayor autoestima.

En esta fase, los adolescentes van alejándose del núcleo familiar para refugiarse en el grupo. Tiene lugar la identificación grupal con aquellos grupos con los que interactúa, a veces tan intensa que la separación del grupo parece imposible. Esta identidad grupal es necesaria pasarla para llegar a la madurez. Para ello es muy importante que el adolescente tenga seguridad, confianza y un desarrollo adecuado de la autoestima que le permita analizar sus debilidades, le permita aceptarse como es y dominar sus instintos, pero que al mismo tiempo pueda establecerse metas y retos personales de superación y desarrollo.

El *Judo* puede ayudar al adolescente en su proceso evolutivo,

disfrutar de su identidad y desarrollar una personalidad sana y feliz. El *Judo* se desarrolla en un entorno grupal, compuesto por iguales donde el adolescente puede identificarse y desarrollar su identidad grupal.

Aquí la tarea del profesor es muy importante, debe comprender al adolescente y acompañarle en este camino. El profesor debe representar su seguridad, demostrar su lealtad de forma sincera de manera que siempre esté ahí cuando el adolescente lo necesite, respetando siempre su libertad y espacio. Si se sienten aceptados y aconsejados cuando lo necesitan, los adolescentes se mostrarán deseosos de aprovechar la experiencia del profesor. Reconocen la necesidad que tienen de guías seguros y desinteresados, que les acepten de verdad y que sepan dejarles tomar la iniciativa y hacerse responsables. Esto no es solo aplicable al *Judo*, si no a todos los adultos que participan en la educación del menor.

Aprovechando este entorno grupal de iguales que es el entrenamiento del *Judo*, el profesor debe ser capaz de utilizarlo para guiar al adolescente y enseñarle a utilizar todas las bondades que ofrece el *Judo* y que pueden ayudarle en su duro camino hacia la edad adulta y en su lucha por superar las sucesivas crisis personales en las que se ve inmerso.

La práctica del *Judo*, va a ofrecer al adolescente beneficios a corto y largo plazo. A corto plazo, el entrenamiento le va a permitir desarrollar su nuevo físico y canalizar adecuadamente el exceso de energía. Estos efectos positivos van a poder observarse rápidamente. El adolescente podrá ver como su cuerpo se va fortaleciendo y va dominando su musculatura y desarrolla una psicomotricidad y coordinación hasta ahora desconocidas. Esto le va a permitir ir afianzando su imagen exterior y fortaleciendo el concepto de sí mismo.

El entrenamiento continuado, el aprendizaje de nuevas técnicas, la superación de retos y miedos, el encontrar siempre alguien con quien compartir sus emociones o simplemente alguien que le entienda y que siempre esté ahí para entrenar y ayudarle a mejorar, va a ofrecerle las herramientas necesarias para construir una autoestima sana y fuerte que le permita desarrollar su personalidad y su yo personal adecuadamente.

Si la autoestima es básica para el proceso evolutivo, igual o más importante es saber gestionar y superar las crisis y las "derrotas" personales. Esto es esencial para afianzar la personalidad del futuro adulto, y para ello no hay mejor instrumento que el *Judo*.

El *Judo* nos enseña a hacer un uso adecuado de nuestra energía, esa es la base del *Judo*. Cada técnica, cada movimiento, cada gesto en el *Judo* nos enseña a hacer el uso más eficiente de nuestra energía. El aprendizaje de las diferentes técnicas y su puesta en práctica en cualquiera de las modalidades de *randori*, nos muestra como con un mínimo de fuerza podemos solucionar una situación comprometida para nosotros *(Seiryoku zenyo)*. Nos enseña que en cada situación hay una forma adecuada de actuar, a veces es necesario ceder, en otras empujar, en otras simplemente esperar. En función de la situación en la que nos encontremos, deberemos elegir la estrategia y técnica adecuadas para evitar ser proyectados o controlados. Una vez aprendido e interiorizado esto, el adolescente podrá extrapolarlo a su vida diaria y aprenderá la forma más adecuada de gestionar adecuadamente sus problemas cotidianos. Lo verdaderamente importante en el *Judo* no es proyectar o evitar que nos proyecten, si no aplicar ese aprendizaje a la vida misma y evitar que sus problemas nos controlen.

La práctica del *randori* ayuda al adolescente a convertirse en una persona pensativa, cautelosa y decidida a la vez. En el *randori* nunca se puede saber cual va a ser la acción de nuestro compañero por lo que hay que estar siempre en

guardia, valorar cada situación y tomar decisiones correctas de manera muy rápida. Esto va a permitir mejorar la serenidad, capacidad de observación, razonamiento y capacidad de toma de decisiones, aportando al individuo una gran seguridad porque es sabedor de que puede afrontar con solvencia cualquier situación que se le presente en la vida real.

De igual manera el *Judo* nos enseña que la victoria y el fracaso no son motivo para vanagloriarse ni para hundirse psicológicamente, son solo una parte del camino que hay que recorrer y aprender. Cada vez que somos proyectados perdemos el miedo y aprendemos a caer sin hacernos daño. Aprendemos a levantarnos una y mil veces ya que con cada caída logramos ser más fuertes y ayudamos a que nuestro compañero evolucione y aprenda con nosotros.

Esto es un ejemplo de la vida misma que el adolescente aprenderá y pondrá en práctica en su día a día. Es la manera adecuada de enfrentarse a los problemas diarios, resolverlos de la manera más eficiente y volverse a poner en pie para seguir viviendo, aprovechando lo aprendido. No hay derrota si no oportunidad de aprendizaje y mejora. Esto es la mayor enseñanza que pueden tener los jóvenes, el *Judo, Jita Kyoei y Seiryoku zenyo,* les enseñará a actuar siempre de manera eficiente y a reponerse de todas las situaciones y a mejorar siempre de manera grupal.

Además, el joven aprenderá a respetar a los demás, entenderá que su desarrollo solo es posible mediante la ayuda y trabajo cooperativo, esto le permitirá desarrollar su empatía, la concentración y control de impulsos.

De esta manera, aprovechando el entorno grupal inmejorable que nos ofrece el *Judo*, el adolescente puede obtener las herramientas necesarias para desarrollar una seguridad y autoestima adecuadas, conocerse a sí mismo y lograr un adecuado desarrollo evolutivo.

Si bien lo que acabamos explicar es de vital importancia para el adolescente debido al momento evolutivo en el que se encuentra, es igualmente aplicable al **joven, al adulto y a los mayores**. Estas fases evolutivas no son tan intensas ni tan importantes como las anteriores ya que la personalidad está bastante desarrollada, pero la aplicación de todo lo que hemos explicado ayudará a que jóvenes y adultos adquieran herramientas adecuadas para aplicar en su día a día y lograr así una vida más plena y feliz.

Aunque en estos estadios posteriores, la personalidad esté muy estabilizada, siempre es posible introducir nuevas modificaciones que permitan cambios en los patrones de comportamiento, incluso en los patrones de pensamiento y en el plano emocional. Su alto grado de desarrollo cognitivo le va a permitir comprender y asimilar más fácilmente los diferentes conceptos y la esencia del *Judo*.

La aplicación de todos los aspectos que hemos ido desarrollando hasta ahora, ayudará al adulto a obtener las habilidades necesarias para ir poco a poco modificando aspectos de sí mismo que le permitan un desarrollo personal más pleno. Este debe ser el único objetivo de la vida y del *Budo*, lograr una vida plena y feliz en armonía con el resto de los seres.

A veces nos enredamos en nimiedades que nos crean infelicidad y nos hacen pensar que la vida es complicada y la felicidad una meta imposible, pero si seguimos el camino del *Budo*, el del *Judo*, aprenderemos a afrontar todas esas situaciones de manera adecuada y lograremos desarrollar nuestro yo interior de manera que se nos abra delante de nuestros ojos un mundo totalmente diferente en el que la felicidad está al alcance de nuestra mano, siempre y cuando trabajemos conjuntamente con nuestros iguales para el beneficio de todos los seres.

3.3 EL DESARROLLO MORAL Y EL JUDO

A pesar de que el desarrollo moral está directamente relacionado con el desarrollo evolutivo de la personalidad y de las capacidades cognitivas, creemos oportuno dedicarle un apartado propio, ya que es un tema especialmente importante en el *Budo*. Como hemos comentado, el objetivo principal del *Judo* es convertir a los seres humanos en buenas personas, y para eso es indispensable un desarrollo moral adecuado, motivo por el que vamos a dedicar este apartado en exclusiva a ello.

El desarrollo moral es un proceso de construcción de valores y patrones de comportamiento hacia los demás, que nos permite entender y diferenciar el bien del mal. Son los mecanismos cognitivos y afectivos, que nos ayudan a convivir e integrarnos en la sociedad.

El desarrollo moral es una de las transformaciones más

importantes que tienen lugar en la infancia y la adolescencia. Es un proceso de cambio en la estructura cognitiva sobre lo que es correcto y lo que no y sobre el concepto de justicia. Es la interiorización de las normas y valores propios, independientes de los valores familiares o grupales asumidos hasta ahora.

El desarrollo moral de los niños es la manera de entender y cumplir las normas y reglas de su sociedad. Estas reglas pueden ser de dos tipos, reglas morales que implican conceptos universales de justicia o reglas que regulan usos sociales. Estas reglas pueden variar de un lugar a otro, pero hay ciertos principios que son compartidos por la mayoría de las sociedades.

La teoría del desarrollo moral fue establecida por el Jean Piaget desde una perspectiva evolucionista. A través de sus investigaciones descubrió que el desarrollo moral pasaba por distintas fases de desarrollo: desde la conducta por miedo al castigo hasta la conducta responsable basada en principios éticos universales en la que todos los seres humanos somos iguales.

Tomando como base esta teoría, el psicólogo estadounidense Lawrence Kohlberg, investigó el desarrollo moral y concluyó

que éste tiene lugar en tres fases que a su vez podían dividirse en seis etapas:

La fase preconvencional sería la que tiene lugar entre los cuatro y once años donde la moral está marcada por las normas externas de los adultos y se actúa por miedo al castigo o por egoísmo.

La fase convencional suele tener lugar en la adolescencia, aquí se aceptan las normas porque son el medio para mantener el orden y cuya transgresión conllevaría consecuencias negativas. Es la moral que la mayoría de las personas desarrollan. Ésta a su vez tiene dos etapas, la etapa tres en la que el adolescente actúa según sus comportamientos sean aprobados por los demás y la etapa cuatro en la que lo correcto es hacer lo que la norma dicta, no por temor al castigo si no porque su cumplimiento ayuda a mantener el orden social. Según Kohlberg, esta etapa es la más alta a la que llegan la mayoría de adultos.

La última de las fases, la **fase postconvencional** es en la que la moralidad está determinada por principios universales. En esta fase, que no todos los adultos alcanzan y que el *Judo* puede ayudarnos a desarrollar, no se rige solamente por las

normas externas, si no que el adulto es capaz de intuir algo que está por encima de las sociedades y es universal.

Esta fase, se subdivide en dos etapas, la quinta en la que las personas ponen por encima de todo, el bienestar de toda la sociedad, oponiéndose a todo acto o norma que vulnere dicho bienestar. Pero a pesar de eso, se siguen guiando principalmente por el cumplimiento de la ley.

La última etapa, la sexta, sería la moral universal, donde el sujeto desarrolla su propia idea del bien y del mal, tiene su propio código ético basado en normas de justicia universal y respeto a todos los seres. Se actúa de acuerdo con estos principios interiorizados y no en función de ninguna ley o norma externa.

Esta teoría ha sufrido diversas críticas y correcciones, pero a grosso modo podemos afirmar que el desarrollo moral del ser humano pasa por las diferentes fases explicadas por Kohlberg, si bien estas fases no son tan definidas ni estancas, pero nos permiten entender por los diferentes estadios que pasa una persona a lo largo de su vida y como el *Judo* puede ayudarnos en el desarrollo de cada fase.

A pesar de que Kohlberg pensaba que la mayoría de los seres humanos nos quedábamos en la fase convencional, se ha demostrado que no es del todo correcto. Es cierto que hay personas que llegan a desarrollar la fase postconvencional, pero solo de manera situacional, es decir, que en función del entorno, determinadas conductas pueden responder a este nivel de desarrollo.

Pero Kohlberg tenía razón en que la mayoría de las personas no alcanzan esta fase y su comportamiento está guiado más por la aprobación social o el deber de cumplir una norma por temor al castigo o para el mantenimiento del orden social que por principios universales.

Alcanzar esta fase postconvencional en la que la conducta está guiada por fuertes principios éticos universales no está exenta de problemas. Actuar así significa ir en contra del status quo, ir en contra de la mayoría, ser el diferente, incluso a veces ir en contra de las normas legales. Esto solo es posible si las personas han encontrado la paz interior, han llegado a conocerse a sí mismo y tienen desarrollada la personalidad correctamente con una autoestima y un autoconcepto fuerte y diferenciado de los demás.

A lo largo de la historia siempre han existido algunas personas que han destacado en su sociedad y que han conseguido este nivel de desarrollo. Como decíamos en la introducción del libro, son seres de luz que después de mucho trabajo personal, comprendieron la esencia del ser y desde ese momento vivieron para los demás. Ejemplos de ello fueron los maestros de *Budo* Jigoro Kano o Morihei Ueshiba, pero también personas que eligieron otro camino distinto al *Budo* para recorrer su *do*, gente luchadora por los derechos humanos como Gandhi o Martin Luther King y muchísimas otras personas anónimas que nos dejaron su ejemplo y legado para conseguir un mundo mejor.

Como hemos dicho, hay multitud de caminos que nos llevan al mismo destino, pero el *Judo* nos ofrece una forma eficaz y saludable para lograr el despertar interior, la transformación completa de nuestro ser, el desarrollo completo de nuestra moral y una personalidad sana.

En las etapas infantiles, incluso adolescente, el trabajo del profesor de *Judo* es imprescindible. Su papel debe de ser el de educador, debe guiar al alumno en su camino e ir enseñándole como el *Judo* puede ser utilizado en su vida diaria. Debe mostrarle la importancia del respeto hacia todos los seres y hacia sí mismo, la importancia de ir tomando responsabilidades (responsabilizarse de sus actos, de su aseo personal y de la uniformidad, ser puntual, no faltar a clases...) fijación de límites y autocontrol.

Todo esto debe intentar trasladarse a la vida cotidiana, al entorno familiar, a las amistades, al colegio y a cualquier otro entorno y poco a poco y de manera espontánea pasará a formar parte de su personalidad y se convertirá en una forma de vivir y relacionarse.

Según el alumno va creciendo y se va convirtiendo en joven/adulto, la labor del profesor debe de ir pasando a un segundo lugar, nunca debe dejar de ser un guía, pero sí debe dejar al alumno que vaya encontrando su propio camino, que vaya experimentando y observando como va evolucionando y como la aplicación de los conceptos del *Judo* en su vida diaria van logrando una transformación interna. Si bien en las edades tempranas, es más difícil entender conceptos como *Jita Kyoei y Seiryoku zenyo,* cuando el alumno va madurando logra entender e interiorizar estos conceptos.

Una vez interiorizados estos principios, es fácil aplicarlos a la vida diaria. El primer paso es comprender su utilidad en el

Judo, comprender que la forma de aplicar las técnicas no es la fuerza bruta, si no el uso eficaz e inteligente de la misma. Aprender que, si cedes, necesitas una ínfima parte de la fuerza para lograr el mismo resultado, entender que antes de proyectar al compañero debemos aprender con humildad a ser proyectados, debemos aprender a caer sin hacernos daño y volvernos a levantar para continuar. Igualmente, importante es comprender que el *Judo* no es un trabajo individual, el aprendizaje solo es posible mediante un compañero, solo mediante la colaboración podremos avanzar y aprender. El *Judo* es un ejemplo de la vida misma.

Una vez comprendido esto, comienza el trabajo individual, el trabajo de alquimia interna, de auto terapia, de interiorización y comprensión. Debemos comprender que todas estas ideas deben trasladarse a la vida diaria, debemos aprender que la vida nos presenta muchos problemas y fracasos frente a los cuales debemos saber enfrentarnos haciendo un uso eficiente de nuestra energía física y mental, superarlos y encarar la vida nuevamente con alegría.

Tenemos que comprender que el único enemigo que debemos proyectar está dentro de nosotros. Este enemigo son nuestros impulsos, los sentimientos más bajos, esa parte oscura que nos hace daño a nosotros y a los demás. Ese debe ser el objetivo de nuestras técnicas, con nuestro *tokui waza* debemos proyectar lejos de nosotros todos esos aspectos negativos que llevamos dentro, que nos lastran y nos impiden avanzar.

Debemos entender que las personas somos seres sociales por naturaleza y que solo podemos sobrevivir trabajando conjuntamente, la cooperación por un objetivo común y que beneficie a todo el mundo es el único camino posible.

Trasladando todos estos principios a nuestra vida diaria e integrándolos en lo más íntimo de nosotros podremos alcanzar un desarrollo moral pleno, una personalidad sana y adaptada y una salud física y mental adecuada que nos permita tener una vida plena, alegre, disfrutando del aquí y ahora, sin anclajes al pasado ni miedos al futuro, permitiendo conocernos a nosotros mismos y lograr así la paz interior. Solo así lograremos el despertar interior que nos permita trabajar sin miedos por el bien común de todos los seres vivos y hacer del mundo un lugar mejor para todos superando todos los obstáculos que vayan apareciendo en el camino.

3.4 AUTORREALIZACIÓN

Queremos dedicar un espacio al controvertido concepto de la autorrealización. A lo largo del libro hemos podido comprobar como el propio Jigoro Kano utilizaba dicho término para describir un estado mental o de conciencia cercano a la plenitud o la felicidad. Con él se refería al estado que se logra tras conseguir desarrollar todo el potencial humano y trabajar por el bien de la sociedad, era la recompensa a ese trabajo en beneficio de la humanidad, una recompensa en forma de felicidad.

Al hablar de este estado, Kano utiliza algunos términos con connotaciones religiosas, místicas o espirituales. En este punto debemos recordar que la sociedad del japón de esa época estaba muy influida por la religión. Pero esto es algo común a la mayoría de las disciplinas que integran el *budo*. El mundo oriental siempre ha sido más proclive al mundo espiritual mientras que occidente se ha centrado más en lo material.

Pero el mundo "espiritual" no es propiedad exclusiva de oriente, en occidente, como indicamos ya en la introducción del libro, también han existido numerosas corrientes de pensamiento centradas en esta búsqueda interior para encontrar la felicidad.

La conclusión es que desde el principio de los tiempos en todas las culturas ha existido esa necesidad de trascender, ese volver a los inicios donde solo importa el aquí y ahora, volver a ser uno con la naturaleza y lograr la felicidad plena, encontrando así el verdadero sentido de la vida.

Todo este proceso que los antiguos llamaban alquimia, este camino de desarrollo interior no es otro que el camino mismo del *Judo*. A lo largo del trabajo hemos intentado analizar desde la perspectiva de la psicología todas las aportaciones de este arte al desarrollo humano. Hemos podido comprobar que todos esos procesos de desarrollo interior, desarrollo humano, desarrollo moral, a pesar de que a veces se les dota de algunos toques místicos, tienen su explicación desde la ciencia de la psicología.

En este apartado queremos hacer lo mismo con el concepto de autorrealización. En el caso del desarrollo moral o de la personalidad son procesos muy estudiados y comprobados científicamente, pero el caso de la autorrealización al hacer referencia a estados modificados de conciencia que hasta ahora han sido poco estudiados ya que se relacionaban más con la pseudociencia, lo convierte en un tema más controvertido.

Aun así, intentaremos mostrar que la autorrealización tiene su explicación científica desde la psicología, demostrando que esta dicotomía de ciencia-espiritualidad no siempre debe estar reñida. Y como hemos dicho en otras ocasiones el ser humano es mucho más que materia por lo que su esencia no puede reducirse únicamente a lo medible y observable, en un futuro quizá pueda ser entendida completamente la esencia del hombre, pero de momento nos resulta simplemente una quimera.

El término **autorrealización** fue introducido por Kurt Goldstein, para hacer alusión a la realización del potencial del propio individuo. Pero a pesar de haber sido introducido por este investigador, el término como se conoce actualmente, se lo debemos a los estudios de la psicología humanista y de la personalidad. Los humanistas consideraban al individuo responsable de los resultados de su vida y que en todos los seres humanos existía el potencial necesario para el crecimiento adecuado.

Dentro de la corriente humanista, una de las figuras más destacadas fue el psicólogo estadounidense Abraham Maslow, uno de los fundadores de esta corriente. A pesar de que han sido numerosos autores los que han estudiado el proceso de la autorrealización, Maslow fue uno de los autores más destacados en este campo.

Para Maslow la autorrealización era poder alcanzar las necesidades más elevadas de cada uno, comprender el significado de la vida y dedicarla a conseguirlo. La autorrealización es desarrollar lo que ya está en nuestro interior, es la mayor necesidad psicológica innata de todo ser humano.

La autorrealización es la satisfacción por haber conseguido las metas personales, se trata de lograr los objetivos personales y así lograr la felicidad. Vemos que esta definición de la psicología es prácticamente la misma que utilizaba Jigoro Kano muchos años antes cuando hablaba de autorrealizarse y conseguir la felicidad plena mediante la ayuda a los demás.

Maslow tras estudiar los factores que intervienen en el desarrollo personal y el bienestar individual, enunció una teoría en la que defendía que la conducta del ser humano estaba motivada por una serie de necesidades relacionadas con el crecimiento personal y el logro de objetivos. Estas necesidades pueden estructurarse en forma de pirámide dependiendo de lo necesarias que sean para el bienestar o la supervivencia de las personas.

Estas necesidades se ordenan jerárquicamente y para poder satisfacer las más superiores es necesario cubrir previamente las anteriores, por ello esta teoría es conocida como la pirámide de Maslow.

La base de esta pirámide la forman las necesidades básicas o fisiológicas de origen biológico y dirigidas a asegurar la supervivencia (comida y agua, dormir...).
Una vez satisfechas estas necesidades básicas es posible centrarse en las siguientes. En el segundo nivel se encuentran las necesidades de seguridad. Necesidad de encontrar un lugar

donde encontrarse seguro y protegido (hogar, entorno, familiar, empleo...).

El tercer nivel estaría formado por las necesidades afectivas y de afiliación con las personas importantes de nuestra vida.

Un cuarto nivel que recoge las necesidades de autoestima y reconocimiento social, sentirnos respetados y reconocidos por nosotros mismos y los demás.

Por último, la cúspide de la pirámide de las necesidades humanas estaría formada por las necesidades de **autorrealización,** la mayor necesidad de las personas. Son el conjunto de necesidades centradas en dar sentido a la vida y el desarrollo personal, de manera que se logre desarrollar al máximo el potencial del ser humano, tanto el nuestro como el de los demás. Vemos que en esta concepción psicológica viene recogido el principio esencial del *Judo Jita Kyoei*.

Entre estas necesidades se encuentra el desarrollo de la moralidad, la orientación hacia los demás o la persecución de ideales. Es la búsqueda del máximo desarrollo posible, lograr la mejor versión de uno mismo y vivir el aquí y ahora en su máxima plenitud.

Se trata de buscar la felicidad a través del desarrollo personal.

La necesidad de autorrealización se asocia con la búsqueda de nuestro verdadero yo y del sentido de la vida.

La necesidad de autorrealización es universal, todas las personas estamos programadas para autorrealizarnos, en todos existe ese impulso que nos permite desarrollar nuestro verdadero yo mostrando todo nuestro potencial. Aun así, no es fácil llegar a este estado ideal, se estima que solo un uno por ciento de la población logra alcanzarlo, por ello Maslow hablaba más de la existencia de una necesidad de mejora continua ya que muy pocas personas alcanzaban el ideal de la autorrealización.

Maslow durante sus investigaciones comprueba que las personas autorrealizadas comparten ciertas características especiales. No se trataría de rasgos heredados genéticamente, si no de características adquiridas gracias al trabajo interior de desarrollo individual constante. Estas personas las describe como auténticas, perseverantes y centradas en el aquí y ahora. Estas personas son capaces de percibir la realidad de manera objetiva por lo que son conscientes de que hay situaciones en la vida que son incontrolables, adaptándose así mejor a los cambios y afrontando las situaciones de duelo de una manera más adaptativa y sana.

También tienen mayor facilidad para aceptarse a sí mismo y a los demás tal cual son, independientemente de las influencias externas. Gracias a ello poseen una autoimagen y autoestima bien desarrollada que les permite no caer en prejuicios ni estereotipos y tener relaciones personales sanas, sinceras y sin apegos. Gracias a la empatía desarrollada, son capaces de verse reflejados en sus iguales e identificarse con el resto de la humanidad. Esta fuerte autoestima e imagen propia les permite presentarse tal cual son, sin apariencias falsas.

Estas personas se guían por sus ideales y son coherentes con los mismos, se encontrarían en la fase posconvencional del desarrollo moral que describía Kohlberg. Recordemos que en esta fase la conducta estaba orientada por estos valores propios basados en principios de justicia universal. Su elevado nivel de conciencia social les permite superar su ego para ayudar al prójimo contra las injusticias.

La última característica de estas personas es quizá la que más recelos provocó en la comunidad científica. Hablamos de la tendencia de estas personas a sentirse bien, en un estado de elevación emocional e incluso en ocasiones experimentando episodios místicos. Maslow definió estas experiencias como *"estados de unidad donde el tiempo tiende a desvanecerse y el sentimiento que sobrecoge hace parecer que todas las necesidades se hallan colmadas".*

Maslow observó que las persona creativas autorrealizadas, en un momento de inspiración se olvidaban de su pasado y su futuro, viviendo únicamente el presente, el aquí y ahora. En esos momentos la persona está absorto y fascinado en el instante presente. Esta habilidad es como entrar en una experiencia mística, una sensación orgásmica donde el tiempo desaparece y solo es posible vivir el momento de éxtasis.

Si analizamos las características que según Maslow describían a las personas que habían logrado la autorrealización, todas ellas coinciden con las características que tienen las personas con una moral desarrollada completamente y que han logrado desarrollar su personalidad de forma adecuada. En todas ellas es como si se hubiese aplicado la teoría del *Jita Kyoei* (prosperidad mutua para uno mismo y los demás) y *Seiryoku zenyo* (máxima eficiencia en el uso de la fuerza física y mental), responden a la descripción que todo *judoka* debería cumplir.

Pero este tipo de experiencias no han sido del todo aceptadas por la comunidad científica y se ha evitado siempre hablar de ellas en términos con connotaciones religiosas o espirituales. La psicología humanista y en concreto la pirámide de Maslow han recibido numerosas críticas porque no tiene suficiente evidencia científica y puede que haya quedado obsoleta y superada por otras teorías que defienden unas necesidades no lineales, no dependientes unas de otras.

A pesar de ello, esta corriente psicológica no dejó de estudiar estos procesos ya que eran vivencias comprobables que desde el principio de los tiempos todas las culturas y sociedades habían conocido.

Actualmente se ha podido demostrar científicamente que técnicas siempre relacionadas con el mundo místico o espiritual y tan antiguas como el yoga, la meditación o el mismo *budo*, han resultado ser unas inmejorables herramientas terapéuticas de crecimiento humano, dando la razón así a los humanistas de que este campo está aun por estudiar.

Tomando el testigo dejado por los psicólogos humanistas y reforzados por los descubrimientos actuales como el que acabamos de comentar, psicólogos como Ken Wilber han desarrollado una nueva rama de la psicología, la psicología transpersonal, centrada en buscar el equilibrio entre la psicología clínica y el estudio de ciertos procesos llamemos místicos o espirituales que provocan estados ampliados de conciencia con resultados beneficiosos para el desarrollo del ser humano y la búsqueda de la felicidad. En palabras de Maslow esta nueva corriente debería centrarse *"en el ser esencial que trascienda la naturaleza del hombre, su identidad y su autorrealización"*

La Psicología Transpersonal estudia aspectos antes ignorados, tales como la espiritualidad, la trascendencia, el éxtasis, las experiencias místicas o la meditación, siendo su objetivo ayudar a las personas en su búsqueda del sentido de la vida y la autorrealización.

Cuando están cubiertas las necesidades básicas, surge la búsqueda de algo más trascendente, nos damos cuenta de que el fin único de la vida no puede ser exclusivamente satisfacer las necesidades básicas, sino que es necesario desarrollarnos como seres íntegros en cuerpo y alma, mejorando así nuestra calidad de vida, guiándonos hacia un mayor bienestar. ¿No es acaso éste el objetivo último que el *Judo* pretende lograr mediante la aplicación de los principios *Jita Kyoei* y *Seiryoku zenyo*?

3.5 RESOLUCIÓN DE CONFLICTOS

Aunque no es un tema directamente relacionado con el desarrollo psicosocial en el ser humano, sí es una herramienta adecuada para afrontar y solucionar los problemas diarios. Es una herramienta que nos ayuda a tener una vida más sencilla y feliz y sobre la que el *Judo* tiene mucho que aportar, motivo por el cual queremos dedicarle un pequeño espacio en estos momentos.

Saber solucionar los problemas que la vida o nosotros mismos nos ponemos en el camino, es de vital importancia para tener una salud mental adecuada. Si dejamos que estos problemas nos superen o no sabemos resolverlos adecuadamente, influirán negativamente en nuestro estado anímico y mental.

Una característica común de las sociedades actuales es no tener una escala de necesidades adecuada. No somos capaces de centrarnos en lo importante y urgente, y otras veces no tenemos las herramientas adecuadas para resolver los problemas a los que nos enfrentamos. Esto provoca que los problemas se enquisten y como no los solucionamos adecuadamente, se acumulan y los vamos arrastrando durante

mucho tiempo, con la consecuente merma en la salud mental y física.

Los problemas sin resolver nos impiden avanzar y lograr un desarrollo interior adecuado, por lo que es necesario aprender a solucionarlos. La teoría de resolución de conflictos es una herramienta eficaz para ello, y el *Judo* como vamos a ver, es la teoría de resolución de conflictos llevado a un plano práctico superior. Jigoro Kano fue un visionario y antes de que se desarrollara esta teoría él ya la había integrado en su nuevo *Budo* y con el *Judo* nos dio las claves para utilizarla.

La resolución de conflictos son una serie de habilidades y conocimientos que nos permiten resolver de manera pacífica un conflicto entre dos o más personas, siendo el conflicto cualquier enfrentamiento entre personas en el que la victoria de uno supone la derrota del otro.

Es importante conocer el desarrollo del conflicto, ya que solo así podremos actuar correctamente sobre él. El conflicto se desarrolla en tres fases que no tienen porque ser lineales: escalada, estancamiento y desescalada. En la fase de la escalada se alcanza el momento álgido del conflicto. En esta primera fase el individuo puede ampliar los problemas e implicar a otras personas utilizando estrategias competitivas.

El estancamiento sucede cuando el conflicto se estabiliza. Ambas partes deciden que la competición no es efectiva, posiblemente porque les falten recursos o porque son más los costes que los beneficios a obtener.

Por último, la desescalada, es la etapa en la que el conflicto se reduce paulatinamente. El estancamiento no siempre precede a la última fase de desescalada. Esta fase no es lineal, ya que el conflicto puede frenarse y repentinamente volver a sufrir una escalada o tener lugar sin que haya habido un estancamiento.

La mayoría de los conflictos son evitables y son el resultado de una mala percepción, una mala comunicación o de una mala técnica de negociación. Por lo tanto, siempre existe la posibilidad de resolverlos de forma pacífica.

El conflicto debe ser entendido como una oportunidad de cambio en la que bien manejado puede posibilitar un cambio que favorezca a todas las partes.

Hay varias estrategias para resolver los conflictos. Los

psicólogos Kenneth W. Thomas y Ralph H. Kilmann desarrollaron un modelo que establecía cinco formas de afrontar los problemas: **competencia** (en la que una parte pierde y otra gana), **colaboración** (en la que las dos partes ganan), **compromiso** (en la que se busca un equilibrio y las dos partes hacen concesiones para lograr un consenso), **evasión** (en la que las dos partes pierden) y por último **cesión** (en la que una parte pierde para que gane la otra).

Si analizamos estas estrategias, podemos darnos cuenta que si bien a primera vista todas ellas encuentran una salida, en realidad no dan una solución al conflicto. Realmente no son una estrategia de resolución de conflictos, si no de cómo afrontar y manejar los conflictos. Con esto queremos decir que mediante las estrategias de la cesión, evasión o competencia, logramos una salida al conflicto, pero realmente no lo solucionamos puesto que mientras una de las partes ha ganado, la otra ha perdido. La parte que no ha logrado su objetivo probablemente se sienta resentida, dolida o utilizada y esto es muy probable que en un futuro vuelva hacer aflorar el conflicto.

El *Judo* nos enseña que los problemas deben ser resueltos de manera que ninguna parte termine con la sensación de

frustración o pérdida, si no que todas las partes logren obtener algo positivo del conflicto. No siempre es posible que las dos partes puedan cumplir sus objetivos ya que a veces son incompatibles, pero sí es posible que las dos partes cedan algo para salir ambas beneficiadas (compromiso). Esta es la esencia del *Jita Kyoei*, el trabajo sincero y cooperativo entre ambas partes de manera que se logre el mayor beneficio para todas las partes implicadas en el conflicto.

Jigoro Kano, muchos años antes de que se desarrollara este modelo teórico, dejó escrito una reflexión personal la cual ya contenía la esencia de esta teoría de resolución de conflictos:

"La solución a las disputas sería que cada uno de estos individuos tuviera prosperidad y pudieran concederse y ayudarse mutuamente con el propósito de mejora en ambas partes. Si hay disputa, ambas partes siempre perderán algo, por ello cuando se ayuda y se concede mutuamente siempre se benefician ambas partes aunque en un principio una de ellas pierda algo. En los movimientos de trabajadores o en las disputas entre terrateniente y jornaleros, pierden ambas partes porque no son capaces de advertir esta teoría. Casi todas las disputas del mundo de

hoy en día podrían solucionarse con este razonamiento."

Pero el *Judo* va más allá de la resolución puntual del conflicto, busca aprovechar el conflicto para lograr un cambio duradero, conseguir una verdadera transformación en los comportamientos que generan los conflictos.

Como hemos dicho antes, Jigoro Kano fue un adelantado a su época, y ya supo comprender que la solución puntual de un conflicto solo aporta un beneficio momentáneo, ya que quien no aprende de los errores está destinado a repetirlos.

Tuvieron que pasar más de cien años para que la **teoría de la transformación de conflictos** recogiera de forma académica lo que Jigoro Kano ya había comprendido y estudiado antes del año 1900. Muestra de ello son las diferentes obras escritas que nos ha legado donde trata esta temática y por ello se aseguró de que en la esencia de su *Budo* quedara integrada.

Esta teoría de la transformación de conflictos posee una diferencia esencial con la teoría de resolución de conflictos. Mientras que la segunda se centraba solo en dar una solución puntual, el objetivo de la primera además de resolver los

conflictos es lograr cambiar las causas que los generan.

La transformación del conflicto es una forma de afrontar los conflictos como oportunidades para un cambio constructivo que reduzca la violencia y aumente la justicia, logrando así un aprendizaje social que elimine las causas de los mismos.

Si hablamos en términos de *Judo*, nos vemos obligados nuevamente a acudir al *Jita Kyoei*. La única forma de lograr solucionar un conflicto de manera constructiva y en la que ambas partes salgan beneficiadas, es mediante la implicación sincera y el trabajo conjunto de todas las partes implicadas. Solo buscando el beneficio de todos los implicados puede solventarse un problema de raíz y evitar que en un futuro vuelva a aparecer.

Nuevamente vemos como la aplicación del *Judo* a la vida diaria puede ayudarnos a tener una vida más satisfactoria y nos permite tener la estabilidad y el estado mental y anímico adecuados para centrarnos en lo verdaderamente importante de nuestra existencia, eso que los antiguos llamaban alquimia del alma y la ciencia moderna conoce como desarrollo completo del ser y que nos conduce indefectiblemente a trabajar por un mundo mas justo para todos los seres.

CAPÍTULO 4:
EJEMPLOS PRÁCTICOS PARA APLICAR EL JUDO A LA VIDA DIARIA

自他共栄

精力善用

4. EJEMPLOS PRÁCTICOS PARA APLICAR EL JUDO A LA VIDA DIARIA

Hasta ahora hemos querido analizar las aplicaciones que el *Judo* ofrece para la vida diaria y para el desarrollo personal desde un enfoque psicosocial que nos ayude a comprender su importancia en el desarrollo integral de las personas y nos permita aunar esa parte esotérica del *Budo*, esa parte alquímica de trasformación interior con la mentalidad occidental y la ciencia.

Muchas veces, aunque parezcan posturas encontradas no lo son en realidad, solo hay que saber mirar desde el plano correcto y entender que hay cosas que la ciencia aun no ha podido explicar y probablemente nunca llegue a entender del todo ya que el ser humano no es solo materia, es alma, es espíritu, es sentimientos y emociones, es un compendio de misterios insondables y maravillosos que a veces se nos escapan al entendimiento de la mayoría de los mortales.

Pero lo que está claro para todos los amantes del *Budo*, es que es un instrumento maravillosamente eficaz, que aplicado a nuestra vida reporta beneficios incalculables a nivel personal y

a nivel social.

Como muestra de todo ello, a continuación vamos a presentar algunas reflexiones sobre diversas facetas de la vida que el gran Maestro nos dejó por escrito que junto a las ya expuestas a lo largo del trabajo van a ayudar a comprender mejor estos principios fundamentales, y algunos otros ejemplos de la vida cotidiana donde aplicando estos principios del *Judo* podremos lograr cuantiosos beneficios para nosotros mismos y para toda la sociedad.

4.1 REFLEXIONES DE JIGORO KANO SOBRE LA VIDA

GESTIÓN DEL TIEMPO

"Es normal malgastar un poco de tiempo diciendo que cinco o diez minutos no son nada. Sea individual o sea un grupo, la causa de no progresar bien es que tienen tal defecto. El principio del pensamiento de la máxima eficacia de cuerpo y mente se empleaba para salvar de tal defecto a la sociedad. Por tanto, si consideramos esta doctrina para poder propagar la costumbre de no malgastar el tiempo, hará que puedan realizar un

planteamiento acerca de cómo usar bien el tiempo -aunque sea corto- en las cosas útiles y llegarán al momento en que toda su vida esté adaptada al espíritu de la máxima eficacia física y mental."

"Es igual para cualquier asunto de la vida cotidiana: en el aseo diario de la mañana, para hacer la cama, para ordenar la mesa, etcétera. Para hacer todas las cosas tiene que pensar el orden de movimiento y no debe gastar su fuerza inútilmente; piense hacerlo con rapidez para avanzar en su cometido. Actuando de esta forma, llegará a hacer las cosas que antes no podía y le sobrará tiempo para emplearlo en poder hacer cosas útiles como estudiar o hacer deporte, ampliando, así, su capacidad. Este es, en definitiva, el uso de la máxima eficacia de cuerpo y mente originado por el entrenamiento del judo."

El *seiryoku zenyo* nos enseña entre otras cosas a gestionar adecuadamente el tiempo. En esta sociedad el tiempo para uno mismo es un bien escaso, por lo que siguiendo estas máximas podremos hacer una gestión óptima del mismo, dedicando el tiempo adecuado a cada tarea y así disponer tiempo de sobra para lo verdaderamente importante.

HÁBITOS SALUDABLES

"Si intenta obtener el mayor éxito en el entrenamiento, debe llevar una vida equilibrada, sin excesos ni escasez en alimentos, bebidas o sueño y no debe comer o beber inmediatamente antes o después de cada entrenamiento. Para no tener falta de sueño en la vida cotidiana, intente realizar sus asuntos del día a día con rapidez para terminar antes de la hora de dormir y así poder descansar con tranquilidad."

"Durante el día, trabaja para fortalecer y come para obtener fuerza y durante la noche duerme para descansar la mente y el cuerpo ya que deben recuperarse. Por eso, tiene que descansar lo suficiente aunque si duerme mucho y sin límite se disminuye el tiempo de trabajo. Si quiere descansar bien en un sueño normal tiene que dormir profundamente. Procure dormir tranquilamente sin preocupaciones y no tome alimentos ni haga ejercicio fuerte ni se ponga nervioso justo antes de dormir."

"Normalmente, una persona come tres veces al día y tiene sentido tal ingesta cuando esas comidas se transforman en fuerza corporal y en capacidad mental. Pero, en la mayoría de las personas, una parte de la comida se pierde inútilmente. La causa principal de esto es debida a la ausencia de deporte o al hecho de llevarlo a cabo de forma inadecuada. Gran cantidad de alimentos se pierden vanamente en el país, lo que se traduciría en miles de millones perdidos cada día. El objetivo de la práctica de waza y, sobre todo, de la educación física nacional es convertir este despilfarro en fuerza para el país."

"Veo estudiantes que no tienen verdadera comprensión sobre el dinero porque, normalmente, son dependientes de los padres y no lo obtienen por sí mismos. No es que no haya nadie que obtenga dinero sin esfuerzo, la mayoría lo consiguen por trabajar honradamente y, a veces, duramente. Por eso no se debe gastar sin límite aunque no lo hubiese ganado por sí mismo. Aun siendo poca cantidad, para gastarlo, hay que conseguir el máximo provecho posible. Pensando de esta manera puede sacar más provecho con la misma cantidad de dinero que si obtiene el mismo provecho pero con menos. Comprando cosas innecesarias recibirá burla de los demás o si malgasta sin consideración

dañará la reputación de su familia, y esto está fuera del contexto de la máxima eficacia de mente y cuerpo. Quien practica el judo no debe olvidar ni un sólo momento el uso de la mente con la máxima eficacia."

Con estas reflexiones el Maestro Kano no pretende darnos consejos sobre nuestros hábitos. Al contrario, nos está demostrando que si aplicamos el principio de máxima eficacia a todos los aspectos de nuestra vida, indefectiblemente ésta debe ser una vida equilibrada y sin excesos. No se trata de un medio o instrumento para tener una vida saludable, si no de una consecuencia de aplicar el *seiryoku zenyo*. Se trata de aplicar el *Judo* a la vida diaria y los resultados aparecerán por sí solos.

TRABAJO

"Así que ya sea individuo, nación o cualquier grupo, si piensa en obtener su objetivo tendrá que utilizar su fuerza más imperiosa. Cuando hablan de aumento de productividad, del manejo científico de las empresas, de la modernización de fábricas, etcétera, todo debe de estar incluido en la teoría del uso de cuerpo y mente con máxima eficacia."

"Es necesario habituarse mental y físicamente para trabajar continuamente y en este caso es mejor hacerlo de forma alternativa cambiando antes de cansarse excesivamente, así es el buen uso de la mente y el cuerpo. Si no se puede alternar lo mental y lo físico, es mejor descansar de vez en cuando porque sino necesitará mucho tiempo para recuperarse. Un poco de descanso beneficia al rendimiento aunque tiene que ajustar su tiempo de descanso porque de no ser así disminuiría su tiempo de trabajo. También, es bueno tener un tiempo de descanso relativamente largo una vez al día, esto nos sirve para aumentar la productividad por lo que se recomienda divertirse con algo ajeno al trabajo."

"Estar tranquilo y trabajar rápido parecen cosas opuestas pero no es así de ninguna manera. Cuando no está tranquilo hace las cosas con confusiones o sin darles importancia, provocando fallos. La rapidez por sí sola no vale. Hay que pensar en los detalles de las cosas antes de hacerlas con tranquilidad para decidir qué camino se escoge, sino, a veces, puede que sean inútiles las cosas ya hechas. Cuando encuentra, por fin, el camino correcto para ello tiene que empezar cuanto antes aprovechando el tiempo y las circunstancias, sino,

es posible que se produzca una nueva situación y ya no será útil hacerlo. Ésta es, en definitiva, la verdadera razón para hacer las cosas con rapidez y tranquilidad."

"Debe concentrarse en su objetivo con toda el alma. Tal actitud es necesaria para hacer cualquier trabajo diario. La seriedad es la clave para la rapidez y eficacia en hacer las cosas mejor y esta es la primera lección del entrenamiento. Para adquirir tal talante hay que acostumbrarse a vivir con dicha actitud."

"He contado que el judo es el camino para usar la mente y el cuerpo con la máxima eficacia y toda conducta humana en la sociedad debe tener siempre buena voluntad y eficiencia. Así que, debe usar la fuerza de la mente y del cuerpo para el bien con la mayor eficacia o lo que sería lo mismo, el seiryoku zenyo. Esto induce, automáticamente, a que las personas tengan una actividad eficaz y no realicen ninguna fuerza inútil. Si intenta que un grupo tenga una actividad de este tipo debe organizar bien la unificación y tiene que suavizar las relaciones entre las personas de dicho grupo."

El *seiryoku zenyo* puede ser aplicado al ámbito laboral. Estas propuestas que no son más que la aplicación del *Judo* en el trabajo, bien podrían tratarse de planteamientos de la psicología del trabajo o la ergonomía laboral. En estas lineas se recoge la forma adecuada de lograr el bienestar del trabajador a la vez que se busca la eficacia en el trabajo. Aunque estamos hablando de trabajo esto es igualmente aplicable a los estudios.

AMISTAD

"No pueden ser amigos de verdad si uno no confía en el otro aunque el otro sí que confíe. ¿Y cómo se puede hacer para que otro dé confianza? Primero, demuestre el valor de sí mismo al otro. Sea leal. No olvide los intereses del amigo siendo caprichoso o mirando solo por su interés. No debe ser mentiroso ni desconfiado. Siempre tenga comprensión en el otro y esté preparado para hacer algo cuando él lo necesite. Tiene que tener la capacidad de recibir respecto de los demás. Estudie bien, sea audaz, sea buen consejero, etcétera. Estos son algunos factores de la amistad. A la persona que es así los amigos vienen a buscarle sin que él los busque."

"Desde el punto de vista de los principios de la máxima eficacia en el uso de la mente y el cuerpo, quedan más cosas importantes que aportar: una de ellas es la de cómo elegir los amigos y tratar con ellos. Los de la misma clase e incluso de la misma escuela son todos amigos en el sentido extenso aunque con algunos de ellos se establece más empatía, hablan del estudio y de lo que pueden conseguir después de éste. Es bueno tener una amistad de confianza para darse consejos mutuos; piensa por él y él pensará en usted, haga algo por él y él hará algo por usted. Éste es el sentido de la amistad. Así que uno se beneficia del otro y tiene que hacer que el otro deba beneficiarse de uno también. Tal relación no suele ser frecuente, excepto con la de un verdadero amigo que una vez establecida con él una amistad profunda y sincera le resultará placentera continuarla así. "

Kano nos vuelve a mostrar la utilidad de aplicar *Jita Kyoei* y *Seiryoku zenyo* a todos los aspectos de la vida, esta vez en la amistad. Nos muestra lo que debe ser un buen amigo, alguien que se preocupa por el bienestar de su gente, alguien que siempre está ahí para ayudar desinteresadamente en cualquier cosa que necesiten sus amistades.

4.2 EJEMPLOS PRÁCTICOS DE APLICACIÓN DIRECTA

En esta sección vamos a poner solo algunos ejemplos en los que los dos principios mostrados en este estudio son aplicables a gran variedad de circunstancias en la vida cotidiana, ya sea en los negocios, en la familia, en los conflictos, con los hijos o en cualquier decisión importante que debamos tomar en nuestra vida. Hay cientos de supuestos, aqui solo mostramos algunos:

Cuando queremos educar a nuestros hijos, a las siguientes generaciones, no solo debemos poner en práctica los principios *Jita Kyoei y Seiryoku zenyo,* si no que debemos conseguir que ellos mismos encarnen estos principios. No solo debemos utilizarlos para que la educación sea lo más efectiva y correcta posible, si no para que las siguientes generaciones crezcan ya con estos conceptos interiorizados y su vida entera se guíe ya por estos principios desde sus inicios. Solo así se podrá lograr una sociedad ideal.

> *"No hay nada mayor en el mundo. La educación moral de una persona se extiende a diez mil personas. La educación de una generación*

abarca cien generaciones."

Cuando en la familia se están tomando decisiones y especialmente con los niños no se llega a un acuerdo, debemos evitar solucionarlo mediante la autoridad paternal. A veces sin tener en cuenta las necesidades del niño, imponemos nuestro criterio con decisiones tipo "porque lo digo yo", simplemente porque en esos momentos nos interesa a los padres. Estas conductas no se guían por el principio de prosperidad mutua, si no por el egoísmo paternal. Pero si nos basamos en *Jita Kyoei y Seiryoku zenyo*, veríamos que muchas de nuestras decisiones no tienen en cuenta las necesidades de los niños y solo están basadas en nuestra comodidad. Además al no haber una prosperidad mutua, el niño no comprende la decisión, por lo que es muy posible que surjan problemas con la consecuente generación de sufrimiento y pérdida de tiempo y energía que se podría haber evitado actuando correctamente en base a los principios *Jita Kyoei y Seiryoku zenyo*.

Cuando un hijo pequeño tiene una rabieta, debemos evitar un enfrentamiento con ellos o imponerles castigos ya que esto denota que el niño tiene algún tipo de necesidad y además son incapaces de comprender el objetivo del castigo. Poniendo en práctica *Jita Kyoei y Seiryoku zenyo*, podremos entender y cubrir esa necesidad oculta para favorecer su prosperidad. Además, evitando un enfrentamiento mediante el uso de la escucha activa y transmitiendo la tranquilidad necesaria, evitaremos alargar una situación que solo genera sufrimiento y perdida de tiempo y energía.

Hay que aprender a mantener la atención en lo que estamos realizando en cada momento. Mantener la concentración es esencial para que cualquier tipo de actividad ya sea física o mental, sea desarrollada correctamente. Si en vez de concentrarnos en la tarea nos distraemos con otras cosas, perderemos tiempo, energía y el resultado será inadecuado. En cambio si nos concentramos en cuerpo y alma, con un menor gasto de energía y tiempo conseguiremos mejores resultados.

A la hora de dormir, hay que aprender a concentrarse unicamente en dormir y dejar la mente relajada. Si nos dedicamos a dar vueltas a la cabeza a nuestros problemas pasados o futuros, gastaremos una gran energía en algo que no tiene solución. Además de alterar nuestra tranquilidad, impiden un descanso correcto. No solo habremos perdido tiempo y energía en ese momento, si no que la seguiremos perdiendo al día siguiente por no haber descansado correctamente. Esto es igualmente aplicable a cualquier rumiación mental que nos cause inquietud. Debemos aprender a controlar nuestra mente para hacer un uso eficiente de la energía mental lo cual traerá consigo paz mental y bienestar físico.

Antes de llevar a cabo cualquier acción que tenga consecuencias sobre los demás, debemos valorar si la misma beneficiará o perjudicará a los demás. De entre todas las opciones, siempre se debe escoger la que mayores beneficios reporte a toda la sociedad, guiándonos por el *Jita Kyoei*.

La vida pasa muy rápido y pasamos demasiado tiempo pensando en el pasado o en el futuro y malgastando el tiempo el tareas superfluas e innecesarias. Céntrate en el momento presente y ordena mentalmente las tareas a realizar, identifica las que son verdaderamente importantes y urgentes y actúa en consecuencia. Solo así es posible disfrutar plenamente de la vida y disponer de tiempo y energía para disfrutar de las cosas esenciales.

Enseñar correctamente a los compañeros nuevos de trabajo hará que ellos conozcan y dominen mejor sus funciones y favorecerá que la empresa funcione mejor, repercutiendo en el bien común.

Por norma general es más eficaz realizar una actividad ya sea laboral o personal de una vez, mientras que dividirlas en varias partes y realizarla en varias ocasiones nos resta tiempo y en ocasiones se pierde la concentración y la calidad conseguida.

No malgastes tiempo ni energía en una discusión excesiva y prolongada en el tiempo con tus superiores. Si después de un calmado análisis percibes que la posición de tus jefes es inamovible no sirve de nada entablar conflicto directo. Quizás sea más eficaz dejar pasar un tiempo prudencial y abordar el asunto desde otra perspectiva. A veces el ser humano se empecina en tomar una sola dirección y cuando esto sucede en ambas partes del conflicto el resultado es negativo.

En las compras del día a día y en los gastos cotidianos es necesario realizar un balance correcto sobre las necesidades reales y actuales de los productos que queramos adquirir. En muchas ocasiones realizamos demasiados viajes a los comercios con el consiguiente gasto en el transporte y otras veces compramos artículos o víveres que o bien por su naturaleza o por su cantidad no necesitamos.

Durante el curso académico es aconsejable una correcta organización y clasificación de apuntes, materias, textos etc. De esta forma ordenada ahorramos tiempo y mejoramos el aprendizaje.

En el trabajo, en el dojo, en la escuela o en cualquier otro ámbito de la vida, debemos compartir toda nuestra experiencia y conocimientos con los demás. Nuestra sabiduría debe ayudar a que el resto alcance nuestro nivel o nos supere. No cabe guardarse ningún conocimiento para uno mismo de manera egoísta. Un tesoro no utilizado es un tesoro perdido decía Jigoro Kano. Si no utilizamos nuestro conocimiento compartiéndolo con los demás para un progreso común no tiene valor ninguno. Igualmente puede utilizarse en su forma material, de nada sirve acumular riqueza si no se utiliza por el bien de los demás.

No pierdas tiempo en justificaciones. Si hay algo que no puedas hacer no lo hagas, pero si puedes hacerlo no busques excusas innecesarias. Solo pierdes tiempo y energía. Debes forjar un carácter disciplinado en el que no quepa la pereza ni la indecisión. Si se puede se hace, y si no se puede se pasa a otra cosa. No hay tiempo ni energía que dedicar a la autocompasión.

Los autores de esta obra deseamos de corazón que todos los lectores hayan encontrado un motivo o inspiración para poner en práctica el maravilloso pensamiento y filosofía que nos legó el maestro Jigoro Kano y poder de este modo tener una vida mas plena afrontando el día a día conforme a lo dispuesto en Jita kyoei y Seiryoku zenyo. Les deseamos mucho éxito y felicidad en la vida

Escuela Internacional Kano ryu

BIBLIOGRAFÍA

自他共栄

精力善用

BIBLIOGRAFÍA PSICOLOGÍA:

- ALLPORT, G. La personalidad, su configuración y su desarrollo. Editorial Herder (1968)
- ALMENDRO, MANUEL. Psicología y Psicoterapia Transpersonal, Ed. Kairos (1995)
- ALZATE, R. (1998). Análisis y resolución de conflictos. Una perspectiva psicológica. Bilbao — Universidad del País Vasco.
- BERMÚDEZ, J. Psicología de la personalidad. Teoría e investigación. Madrid: UNED (2003)
- JUNG, C.G. Psicología y Alquimia. Ed. Santiago Rueda Editor, Buenos Aires (1957)
- KILMANN RALPH H. y KENNETH W. THOMAS. Instrumento Thomas- Kilmann de modos de conflicto. CPP Inc (2002)
- KOHLBERG, LAWRENCE. Psicología del desarrollo moral. Desclée de Brouwer (1992)
- LEDERACH, JOHN PAUL. El pequeño libro de Transformación de conflictos, Good Books (2009)
- MASLOW, ABRAHAM. El hombre autorrealizado. Ed. Kairos. Barcelona. (1991)
- MASLOW, ABRAHAM. Motivación y personalidad. Ediciones Santos (1991)
- PIAGET. J. Desarrollo cognitivo del niño y del adolescente. Madrid. Anaya. (1989)
- PIAGET, J. Seis estudios de psicología. Ed. Planeta- Agostin (1985)
- SÁNCHEZ LOPEZ, FELIX, ETXEBERRIA, ITZIAR, FUENTES REBOLLO, MARIA JESÚS y ORTIZ, MARÍA JESÚS. Desarrollo afectivo y social. Psicología Pirámide.
- VYGOTSKY. L. El desarrollo de los procesos psicológicos superiores. Austral (2012)

BIBLIOGRAFÍA BUDO:

- Judo Kodokan. Editorial Eyras (1989)
- CARACENA, J.A. Judo Kodokan Atemi Waza
- CARACENA, J.A. Judo Kyohon
- CARACENA, J.A. Escritos inéditos de Jigoro Kano
- COQUET,MICHEL y H.RIOS, CARMELO. Budo secreto. Ediciones Obelisco (1998)
- H.RIOS, CARMELO. Ronin. Ediciones Obelisco (2008)
- DESHIMARU, TAISEN. Zen y artes marciales. Luis Cárcamo editor (1980)
- JAZARIN, JEAN LUZIEN. El espíritu del judo. Eyras. (1996)
- COQUET, MICHEL. Iaido o el arte de cortar el ego. Escuela de misterios ediciones (2011)

OTRAS OBRAS PUBLICADAS POR LOS AUTORES

EN VENTA EN AMAZON, KIAIBUDOSHOP Y BLURB

OTRAS OBRAS PUBLICADAS POR LOS AUTORES

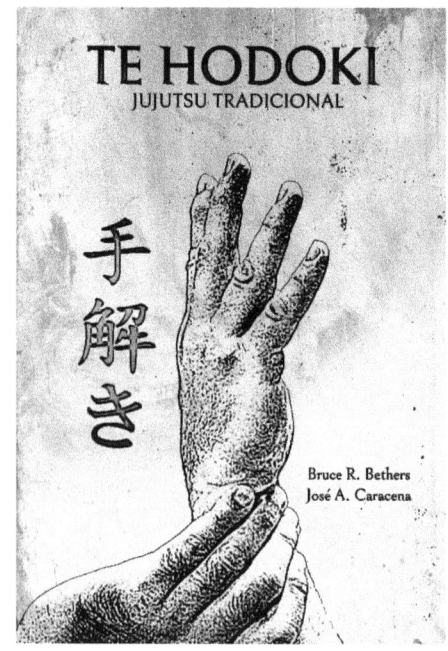

EN VENTA EN AMAZON, KIAIBUDOSHOP Y BLURB

OTRAS OBRAS PUBLICADAS POR LOS AUTORES

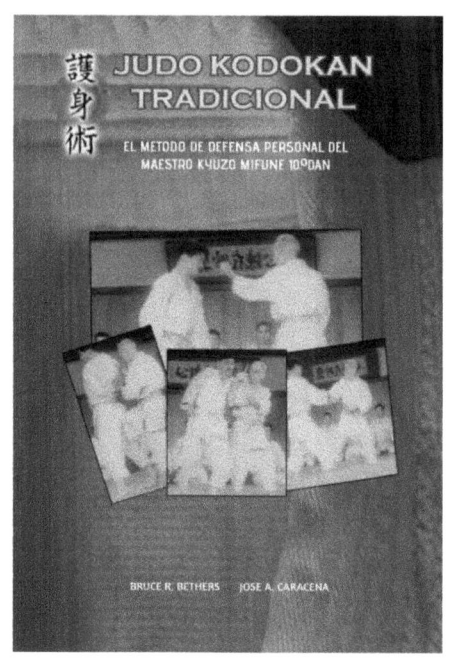

EN VENTA EN AMAZON, KIAIBUDOSHOP Y BLURB

Milton Keynes UK
Ingram Content Group UK Ltd.
UKHW021127181124
451360UK00015B/1561